心理教育としての
臨床心理学

武田 明典 編著

北樹出版

は じ め に

　本書タイトルは『心理教育としての臨床心理学』です。はじめに "心理教育（psycho-education）" とは、心理学やカウンセリングの諸理論について、個人／集団に対して啓発・予防的に活用していく教育的支援を指します。そこで本書は、心理学部（学科）の入門書としての活用のほかに、大学の教養教育で心理学を学んでいる学生、教職課程で教育相談について理解を深めたい学生、そして、将来カウンセリングや支援職に従事したいと関心を寄せている高校生など、幅広い読者層に対し、臨床心理学の知見を届けることを想定しました。また、医師、臨床心理士、大学研究者など第一線で活躍の執筆陣をそろえました。

　次に、臨床心理学（clinical psychology）の説明です。本書は心理学という大きな学問分野のうち、「臨床心理学」の領域にフォーカスし、また、これらの理解をさらに深めるための発展的内容を用語解説や QR コード資料として情報提供します。臨床心理学は、当初、精神科医による精神的疾患の治療の一環として精神療法を用いた支援に始まり、その後、学校教育における神経症や摂食障害などに悩む児童生徒へのスクールカウンセリング、企業における従業員のメンタルヘルス、高齢者施設における認知症予防や生きがい創出などの社会的幸福度（social welfare）の向上など、幅広い領域・対象者を含む支援へ広まっていきました。私たちがこれらの知識をあらかじめ知っておくことによって、今後、自身や家族・友人に対し、メンタル面での問題を感じとった際に、速やかに支援を求めたり、また支援先を紹介したりするなど、迅速な行動がとれることが期待されます。

　本書のねらいは、教養教育の心理学のうち臨床心理学について、青年期におかれた若者をメインターゲットとして、自身のメンタルヘルスの理解を深め、また、将来的には本書で学んだメンタルヘルスの症状や問題のことを活かして、家族・友人・同僚など周囲の人々へのサポート役を務められるようになることです。本書で学んだことを、実生活に活かしていただければ幸いです。

　最後に、編集に尽力いただいた北樹出版の福田千晶氏に感謝致します。

2023 年 2 月　　　　　　　　　　　　　　　　　　編　　　者

目　　次

心理教育
としての
臨床心理学

Chapter
1 心理学における
臨床心理学の位置づけ

第1節 心理学における臨床心理学

1. 臨床心理学の背景

臨床心理学の日本語表記は、床（布団・ベッド）、つまり、「病床の患者・クライエントに、臨む心理学」であり、また、英語表記、"clinical psychology" の直訳は "病床の心理学" である。このように、臨床心理学は、当初、病院の精神病患者に対して精神療法（psychotherapy）の治療を行うことを意味していたことがうかがえる。また、臨床心理学で行われる psychotherapy は、心理学領域では "心理療法" と表記する一方、医学領域では "精神療法" と訳すことが一般的である。

臨床心理学という用語は、米国の心理学者、ウィットマー（Witmer, L.）が、1896 年に主として知的障害や発達障害を対象とした心理クリニックを開設したことに対し、米国心理学会（APA）が臨床心理学の創設であると認定した。しかし、臨床心理学には精神分析をはじめ諸流派および分析心理学などの影響も加わっているため、そもそも明確な起源を判断することは困難である。

精神医学が確立されつつあった 20 世紀前半では、ヒステリー症状を示す神経症患者を多く診ていた精神科医フロイト（Freud, S.）が精神分析療法を打ち出し、娘で精神分析家のアンナ・フロイト（Freud, A.）による児童精神分析など精神分析の諸派に枝分かれしていった。この流れに加え、のちに日本では河合隼雄の功績によって広められた精神科医・心理学者のユング（Jung, C.G.）の分析心理学もあげられる。その後、来談者中心療法創始者の心理学者、ロジャーズ（Rogers, C.）や学習理論に基づく行動療法など、精神科医ではなく心理学の研究者・実践者による療法も生み出されていった。また、臨床心理学の社会的ニーズや研究が急速に高まった大きな要因のうちの一つは、米国におけるベトナム戦争の帰還兵による、PTSD やうつなどの精神疾患、アルコール／薬物依存症、そして、自殺・犯罪などの不適応行動が社会的問題となっていたことである。この問題に対して、彼らの治療や社会復帰のために、心理臨床家

の支援活動が社会から求められ、さらに、心理臨床家を育成するための専門大学院の教育プログラムが充実されていった。

このように、臨床心理学は心理学の学問領域のなかでは、精神医学からの影響を強く受け、近年では双方が学際的に影響しあい、医学界における精神療法では、認知行動療法が主流となっている。

精神医学の展開とともに、精神病患者に対する社会の理解が深まり、往時の精神病院において患者を閉鎖病棟で隔離し長期にわたり入院させていた風潮から、しだいに、患者を家族やコミュニティのなかで治療する社会復帰が重視されるようになり、そのための、さまざまなリハビリテーションや生活プログラムなど、医師以外の心理臨床家などのスタッフの活躍の場が広まっていった。

2．日本における臨床心理学

日本では、臨床心理学と類似する領域の“カウンセリング”や“心理療法”が、第二次世界大戦後、欧米諸国からあいついで日本に翻訳・紹介され現在に至るため、明確な識別は困難であると指摘する（下山，2003）。この指摘のように、日本においては、臨床心理学と関連する、“カウンセリング心理学”、“学校心理学”、“教育心理学”などはかなり重複しており、おのおのの学会認定の独自の資格を提供しているものの、それらを網羅するように、公認心理師[1]や臨床心理士[2]の資格が提供されている。しかしながら、欧米諸国の多くでは、これらは別々の大学院カリキュラムで育成され、州や国家の資格試験に合格した有資格者のみがおのおのの専門家として職に就ける。

3．臨床心理学の定義と支援対象

臨床心理学の定義として、下山（2003）は、「実証的なデータに基づいて対象となる問題のアセスメントを行ったうえで、介入に向けての方針を立て、さまざまな技法を用いて問題に介入していく専門活動（p.5）」とする。

臨床心理学の支援対象は、支援の行われるフィールドの観点から、後述の表1-1とも関連し、次のように大別される。①統合失調症などの精神病の疾患、②乳幼児から高齢者に至るまでの発達障害やその他の心身に障がいを抱えた者、③不登校やいじめ問題ほか学校教育における諸問題で悩んでいる者、④成

人における家庭内の問題や夫婦（パートナー）の問題を抱える者、⑤会社における人間関係やストレスの問題を抱える者、⑥犯罪や異常行動の治療・矯正の対象者、である。これら、異常・病理・障がいなどの問題を抱える対象者だけではなく、⑦心身の健康をプロモートする予防・啓発的支援のため、つまり、すべての人が対象者となりうるのである。

　臨床心理学は精神分析を基礎とする精神病理学と共通点があるが、臨床心理学では、先に紹介した下山の定義のように、ある人を理解するに際し、その時代の価値観にも影響された正常性の範疇に収まるのか、あるいは、収まらないかについて諸種の心理検査・発達検査などを活用して心理的なアセスメント技法を用いて判断をし、問題がある場合は、必要に応じ本人や家族に心理的な支援を行うものである。

　一方、精神病理学では、DSM や ICD（第5章参照）など、一定の基準があらかじめ設けられている精神医学による診断基準にあてはまる疾病や疾患かどうか、医師、公認心理師、臨床心理士による心理検査を含む諸種検査を用いた精神医学的なアセスメント結果について、最終的には医師による疾病診断というかたちで識別を行う。その後、診断された対象者（患者）に対して、医師の処方による薬物療法、また、必要に応じて、医師みずからあるいは医師の指示による公認心理師などによる認知行動療法その他の精神療法／心理療法を併用して治療にあたることもある。

4．実生活における臨床心理学

　心理学は、人々の人間の心のメカニズムを科学的に解明する学問である。欧米諸国では人々の幸福のために、社会において心理学の学問領域がビジネス、教育、福祉、司法・矯正その他、広く受け入れられている。臨床心理学の知識を活かした職業は、公認心理師や臨床心理士は心理学科（学部）における専門の大学・大学院においての基礎資格の上、試験に合格した者が登録される。心理職の名称は各職場によって多少異なるが、領域ごとに職務内容を、表1-1 にまとめる。

　このように、いろいろな生活場面で臨床心理学を学んだ専門家が働いている。心理職に携わっていなくとも、自身や家族が利用する可能性もあるので、

表 1-1　領域ごとの心理職の名称・職務内容

領　域	名　　称	職　務　内　容（資　格・採　用　含　む）
医療	公認心理師（各医療機関によって名称は異なる）	・精神科病棟やクリニックにおいて、医師を中核としたチーム医療において、患者に対して心理検査に基づくアセスメント査定や精神療法を行う。常勤・非常勤職がある。 ・医療機関では、公認心理師や臨床心理士、とくに前者は必須。
学校教育	1）小・中・高校　スクールカウンセラー 2）大学　学生相談員	・小学校〜高校において、週に1回程度勤務する年度採用の非常勤が主流（私立校や一部の公立校では常勤職もある）。
福祉	1）児童相談所職員（常勤・非常勤心理職） 2）福祉作業所や高齢者福祉施設心理職	・このうち、児童相談所では、18歳未満の児童生徒およびその保護者などからの児童虐待や不登校などの問題の相談に対して支援を行う。常勤職と非常勤職。 ・社会福祉系オリエンテーション学部卒業・大学院修了者が多いが、なかには、心理学系オリエンテーションの者もいるため、臨床心理士・公認心理師の有資格者もいる。
司法・矯正	1）少年鑑別所、刑事施設等　法務技官 2）少年鑑別所、少年院、刑事施設等　法務教官 3）保護観察所、地方更生保護委員会等　保護観察官 4）家庭裁判所等　家庭裁判所調査官	1）少年等の資質鑑別、カウンセリング等　国家公務員総合職（人間科学）；法務省専門職種（矯正心理） 2）少年等の矯正教育、更生支援　法務省専門職種 3）非行少年・犯罪者等の社会内更生支援　国家公務員総合職、一般職試験；法務省専門職種 4）家庭裁判所における少年・家事事件の調査等　家庭裁判所調査官補採用試験
警察	1）警視庁および道府県警の少年課、少年センター等　少年相談員；補導員 2）警視庁および道府県警の科学捜査研究所等　研究員；技術吏員 3）警視庁および道府県警の被害者相談、捜査支援部門　専門職員；技術吏員 4）警視庁科学警察研究所　研究員	1）少年非行のカウンセリング、相談、支援、補導、研究等　地方公務員上級試験（心理職） 2）ポリグラフ検査、プロファイリング、研究等　警察職員採用試験上級（心理、鑑識技術）；警視庁専門職種（心理） 3）被害者相談、プロファイリング等　地方公務員上級試験 4）犯罪捜査、生活安全、交通心理に関する調査・研究等　国家公務員総合職（人間科学）
産業	（産業）カウンセラー	・大企業の一部においては専属のカウンセラーを配置、あるいは、電話相談や派遣カウンセラーを行っている機関と提携を結んでいる。常勤・非常勤
開業 （私設個人開業）	カウンセラー等名称はさまざまであるが、臨床心理士、あるいは、公認心理師の有資格者が望ましい。	・家庭内の問題や子育てその他の生活一般に対する相談を行う、個人、あるいは、社団法人として開設された民間の相談機関。個人経営が多いが、複数職員を有する場合もある。

どこでどのような支援が得られるのか、概要を把握していることは役立つであろう。

1．臨床心理学と医学その他の関連分野

　心理学における臨床心理学の位置づけとしては、発達心理学、人格心理学、異常心理学、社会心理学、教育心理学、犯罪心理学、産業心理学その他、多岐にわたり、それこそ、心理学の各領域を横断する一般心理学まで及ぶといっても過言ではないだろう。また、臨床心理学と関連する心理学以外の学問としては、医学（とくに精神医学）をはじめ、保健学、リハビリテーション学、老年学、障害学など幅広く、これ以外の多くの学問領域とも関連している（図1-1参照）。

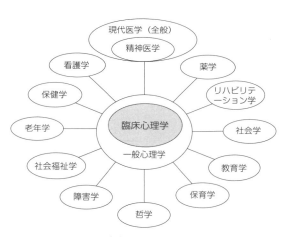

図 1-1　臨床心理学と近接学問領域

　心理職の組織におけるあり方としては、筆頭としての病院組織においては、チーム医療[3]として、医師を"総監督"のトップとし、看護師、理学療法士、作業療法士、検査技師、医療ソーシャルワーカーその他の専門職と連携を図って患者の支援にあたることが求められる。その他の領域においてもこのチーム支援の視座が重要であり、たとえば、学校教育では、チーム学校（チームとしての学校）[4]として、校長をトップとして、スクールカウンセラーを含む教職員との連携が重視され、そこでは、集団守秘義務[5]が求められる。

　精神医学では、うつ病における向精神薬による薬物療法と併用して精神療法の適用が重要視されてきた。つまり、患者に対する投薬に加え、医師自身およ

び医師の監督下における、公認心理師による認知行動療法などの精神療法の併用が主流となってきている。さらに、うつ病やアルコール依存在（使用障害）など、同質の患者グループによる自助グループ（第13章参照）がさかんになってきている。

２．臨床心理学に関する心理教育の意義

心理教育[6]とは、心理学的な理論を学校などの教育場面におけるさまざまな発達段階におかれた個人・集団を対象に、諸種の予防・啓蒙的な教育プログラムを行うことである。たとえば、文科省による生徒指導提要において教育相談で活用できる技法が８つ提示されており、それについて会沢（2020）が概説している【QR1-1】。本書では、広く、心理学に関する理論を学校教育や大学において教授することを指す（なお、心理学的な理論・知識を教育の場で教授することを"心理学教育"とする場合もあるが、本書ではこれを含む）。

３．本書の活用

本章では臨床心理学の概観を述べたが、以後の章では、青年期の発達心理学的な理解（第２章）やストレス（第３章）について、また青年期に発症する主な精神疾患の紹介（第４～10章）、発達障害（第11章）や診断はつかないもののひきこもりなどの不適応（第14章）やHSP等（第15章）、さらに、心理アセスメント（第12章）や心理療法（第13章）などについてもふれる。なお、本書で取り上げる青年期に顕在化する摂食障害などの精神疾患に関して、読者が自分自身や友人に"該当するのではないか"と感じるケースも想定されるであろう。この際の留意点としては、自身で判断するのではなく、大学生の場合は学生相談所（高校生はスクールカウンセラー）に相談をしてから、速やかに医療機関を受診することが重要である。

（武田　明典）

【引 用 文 献】

会沢信彦（2020）．心理教育　武田明典（編）教師と学生が知っておくべき教育心理学（pp.133-143）北樹出版

下山晴彦（編）（2003）．よくわかる臨床心理学　ミネルヴァ書房
高橋三郎・大野裕（監訳）（2014）．DSM-5 精神疾患の分類と診断の手引き　医学書院

【用語解説】

(1) **公認心理師**：公認心理師法に定められた国家資格。心理学科（学部）のほかに、医学や看護学などの関連する学科の学部を卒業後、一定期間の現場での職能経験を得た者に対し、文部科学省・厚生労働省の指定登録機関である一般財団法人日本公認心理研修センターによる試験を受けて合格した者が登録される、生涯資格。

(2) **臨床心理士**：一般的には心理学科（学部）を卒業後、文部科学省による認可を受けた公益財団法人日本臨床心理士資格認定協会により指定された大学院（I種・II種）、臨床心理士養成専門職大学院において所定の講義・演習授業に加え、大学附属や提携クリニックなどにおけるスーパービジョンつきの臨床場面での現場実習を経て、認定協会の資格試験に合格した者が登録される。その他、海外の大学院修了や医師免許取得者で心理臨床経験を 2 年以上有する者も含む。登録後、5 年ごとに既定の研修を受けた者が更新される。

(3) **チーム医療**：平成 22 年度（2010 年）3 月 22 日の厚生労働省報告書、「チーム医療の推進について」によると、チーム医療とは、「医療に従事する多種多様な医療スタッフが、各々の高い専門性を前提に、目的と情報を共有し、業務を分担しつつも互いに連携・補完し合い、患者の状況に的確に対応した医療を提供すること（p.1）」とする。

(4) **チーム学校**：文部科学省により設置された 2015 年の中央教育審議会答申で、教師は、学校内外の専門家と連携を図り児童生徒の問題にあたることが求められた。

(5) **集団守秘義務**：学校教育や医療をはじめ、精神／心理療法を行う際にはクライエント（患者）のプライバシーが尊重されなければならないが、チーム組織では、クライエントの家庭環境や悩みなどの最小限の情報は共有することが支援において必要となる。これら支援過程で知り得た情報は、組織内では共有するものの、組織外に公言してはならない。

(6) **心理教育**：これは、心理学以外のさまざまな学問領域でも導入されている。第 4 章で述べられているように、医学領域では、患者や家族に対する疾病理解の提示、治療過程で生じてくる諸問題についての向きあい方、さらには、回復期への道筋など、広く心理に関することを指す。

Chapter 2 アイデンティティの形成
——発達課題を含む——

👥 第1節 青年期の特徴

　青年期（adolescence）は、ラテン語で"育つ"を意味する alescere を語源にもち、「大人に向かいつつある移行状態」を意味している。青年期の類義語に思春期（puberty）がある。ラテン語で"性毛"を意味する pubes を語源としていることからわかるように、第二次性徴として身体的な変化が生じてくる時期でもある。青年期を過渡期としてとらえ、特徴を明らかにした代表的な研究者としてレヴィン（Lewin, K.）をあげることができる。レヴィン（1956）は、青年を児童と成人に挟まれた中途半端な存在であるととらえて、「境界人（marginal man）」と称した。境界人の特徴として、情緒不安定で神経過敏なことをあげている。

　ブロス（1967）は、青年期を第2の分離個体化[1]の過程としてとらえている。青年期は、家族という絆から抜け出して社会に関心を向け始める時期でもある。親からの分離独立を図ることで親に対する反応パターンも変化するので、青年自身のパーソナリティ構造も変化する。このように構造的な変化が生じる時期は不安定になりやすい。たとえるならば、蝶は幼虫が蛹を経て成虫になるが、蛹の時期が一番脆弱である。青年期とは蛹にたとえられるような、不安定でもあるが大きく変化する可能性を内包している時期でもある。青年期を明確に定義することは困難だが、心理社会的な変化と身体的な変化の両方が生じる転換期であると考えることができる【QR2-1】。

　幼少期より自分の生物学的な性に違和感をもつ者も少なくないことが知られているが、思春期になり恋愛感情が高まるようになると、この傾向はより顕著になる。LGBT とは、レズビアン（Lesbian）、ゲイ（Gay）、バイセクシュアル（Bisexual）という3つの性的指向と、トランスジェンダー（Transgender）という性自認の頭文字を組み合わせた表現である。クィア（Queer）もしくはクエスチョニング（Questioning）などを加えた LGBTQ ＋という表現も用いられている。また、性的指向（Sexual Orientation）と性自認（Gender Identity）の頭文字

【QR2-1】
青年期の
特徴

17

をとった SOGI という表現もある。これらの表現は性の多様性を示している。性的指向や性自認は、アイデンティティ（identity）に対する感覚でもある。

第2節　発達理論と発達課題

　一昔前は、"発達"というと子どもの発達を意味することが多かったが、現在は生涯発達という観点から論じられることが多い。発達理論は著名なものが複数あるが、青年期に大きく関わる発達理論を2つ紹介する。

1．エリクソンの理論

　エリクソン（Erikson,E.H.）は、生物学の用語である「ライフサイクル（lifecycle）」を心理学の分野に適用した。"life"は"人生そのもの"を意味している。エリクソンが提唱した発達段階は「心理社会的発達理論（psychosocial development）」と呼ばれている。人生を8つの段階にわけ、段階ごとに心理的課題と危機、課題達成により獲得する要素などを配置したものである。エリクソンの死後、共同研究者で妻でもあったジョウン（Erikson,J.M., 1997）が、懸案だった9段階目を付け足している。各段階には、社会におけるおおよその年齢が想定されている。エリクソンは、人間は生涯を通じてどの時期においても発達すると考えた。そして、どの時期においても達成されるべきものと障害となるものが存在し、障害を乗り越えた時に得られる課題を定義している。

　①乳児期：0歳〜1歳の時期で、「基本的信頼 vs 基本的不信」で表現され、「希望」が課題となる。幼児は快不快からスタートし、しだいに複雑な感情をもつようになる。不快を体験すると、しばしば圧倒されて混乱に陥る。その時、養育者が身体的接触を伴った声かけを行うことで不快は取り除かれる。このやりとりを積み重ねることで、心理的な結びつきである「愛着[(2)]（attachment）」が形成される。愛着は安心感の基礎となり、自分は世界に存在していいのだという自己肯定感が芽生える。基本的信頼を獲得できた子どもは「希望」をもち、今後出会うさまざまなものを「信じる」ことが可能になる。獲得できなかった場合は混乱状態が続くため、世界に対して不信感や恐怖感をもち続けることになる。

②幼児前期：1歳〜2歳の時期で、「自律性 vs 恥・疑惑」で表現され、「意志」が課題となる。この時期は、「自分の内的な衝動をコントロールすること」が課題になる。この時期の象徴的な事象は、トイレットトレーニングである。内的な衝動である排泄をコントロールし、成功すると褒められ失敗すると叱られるという体験をする。自分で対処できるかどうか不安にも陥りやすくなるので、失敗して怒られることを恐れる。意志が獲得できない場合は、自分の能力に対する疑惑が生じる。失敗しても受け入れてくれる環境が自律性を育むといえる。

　③幼児後期：2歳〜6歳の時期で、「自主性 vs 罪悪感」で表現され、「目的」が課題となる。この時期は、自分一人で食事をとったり衣服を着脱したりできるようになる。ただし、最初から円滑には行えず過不足が生じるので、試行錯誤が大切になる時期でもある。いろいろなことに興味を示すため、注意される機会も多くなる。不安よりも積極性が勝ると、自分から取り組むことが増える。主体性をもって動くことで、自分がそれをしたいという理由に気づくようにもなる。自分の行動に対して目的をもてるようになることが重要だといえる。

　④児童期：6歳〜12歳の時期で、「勤勉性 vs 劣等感」で表現され、「適格」が課題となる。この時期は、幼稚園や小学校などで集団生活が開始される。同年齢の他人と自分とを比べる機会が増えるため、自分が劣っていると感じる場面にも遭遇しやすくなる。その時に、自分は劣っていると諦めるのではなく、負けないように頑張ろうと努力をすることで劣等感が克服される。勤勉性とは、諦めずに最後まで取り組む姿勢である。その結果、「自分もやればできるんだ」という有能感が得られる。

　⑤青年期：13歳〜21歳の時期で、「同一性 vs 同一性の混乱」で表現され、「忠誠」が課題となる。この時期は、思春期とも重なる。ここでの課題は「自分自身はいったい何なのか」という問いで表現される。自己を確立することにより、自分を受け入れることができる「忠誠心」が育まれる。忠誠心は、自分で選んだ価値観を信じ、それに対して貢献しようとする原動力である。幼少時から児童期において親のように機能する人や成人期における上司や指導者に対して向けられる「信頼」や、高齢期になってもちやすくなる人類を越えた存在

や現象に対する畏敬の念の根底に備わる「信仰」とのあいだをつなぐものでもある。

⑥成人前期：21歳〜35歳の時期で、「親密 vs 孤立」で表現され、「愛」が課題となる。自分を確立することで、信頼できる人たちとの関係性を深めていく時期でもある。親密性の獲得に失敗すると孤独に陥る。相手に受け入れてもらえるか、相手から否定された時にどう対処するかなどを経験することで、孤独に対峙していく。自分自身を受け入れながら、本当に信頼できる人とのかかわりを育むことによって「愛」を獲得することができるのである。

⑦成人期：35歳〜65歳の時期で、「生殖性 vs 停滞性」で表現され、「世話」が課題となる。「生殖」とは、何かを次の世代につなげられているという実感である。自分の経験のみに固執して次世代への橋渡しを考えないと、自分の価値観の単なる押しつけになってしまう。自分の経験から、自分よりも若い世代に何をどのように伝えていくのかを考えて行動することが「世話」となる。

⑧高齢期：65歳以降の時期で、「統合 vs 絶望」で表現され、「英知」が課題となる。この時期は、「良い人生だった」と人生をふり返ることができるか否かによって大きく変わる。自己統合が絶望を上回ると、これまで生きてきた知恵を自分の下の世代にきちんと受け継ぐことができたことを英知として実感し、より良い余生を過ごすことができる。一方で自身の老いに絶望したり老後に大きな不安を抱えたりする場合は、メンタル的に不調に陥る場合もある。

⑨超高齢期：80歳以降の時期で「老年的超越性」が課題となる。増補版で付記された9段階目は、8段階目までで描かれてきたような、成長と拡大を支える同調要素よりも喪失や萎縮に方向づけられる失調要素が優位になる段階である。ジョウンは「信仰と適切な謙譲によって絶望を追い出すことが、残された唯一の賢明な道となる」と述べている。失調要素を受容するプロセスのなかで、「超越」(transcendance) が現れてくる。「超越」に相当する英語は「transcendence」であるが、ジョウンは「dence」ではなく、「dance」という造語を用いることで、超越性に優美さや躍動性というニュアンスをもたせたと考えられている。ジョウンは「我々は、触れることによって、他者や地球と交流する」と指摘している。この"交流"の基盤としてジョウンが想定しているものは、基本的信頼感である。

2. ブロスの理論

ブロス（Blos, P., 1962）は、思春期を 5 つの時期に分けている。

①前青年期（preadolescence）：10 歳〜 11 歳くらいの、日本でいえば小学校高学年の時期に該当する。この時期は、児童期から青年期への移行時期であり、本能的衝動が量的に増大してくる。そのため、前段階の児童期までは、衝動コントロールや対人関係において大きな問題を生じなかった者も齟齬が生じやすくなり、エネルギーが反抗というかたちで顕在化しやすくなる。言語的表現が不十分であることも多いため、反抗は行動として表現されやすい。

②青年期前期（early adolescence）：12 歳〜 14 歳くらいの、日本でいえば中学生の時期に該当する。第二次性徴による身体的・性的変化が生じるため、自身に対するとまどいから不安が増大しやすくもなる。家族以外に関心が向きやすくなり、両親の絆から分離して独立を模索し始める時期でもある。

③青年期中期（middle adolescence）：15 歳〜 17 歳くらいの、日本でいえば高校生の時期に該当する。この時期は、興味関心という心的エネルギーが親もしくは親代理から離れて、パートナーへと向く者が多くなる。心的エネルギーがパートナーに向かわず、自分自身に対して注がれる場合は自己愛的になる。親から独立し、あらたな家庭を築くための準備段階であるともいえる。

④青年期後期（late adolescence）：18 歳〜 20 歳くらいの、日本でいえば多くの大学生の時期に該当する。これまでは家族や友人たちとの関係のなかで、自分がどのような位置を占めており、どう生きていったらよいかを考えてきたのに対して、社会のなかでどのように生きていけばよいのかを模索するように変化していく時期でもある。青年期後期は、「これが私だ」という「同一性（identity）」を獲得する時期でもある。同一性とは、独自性や連続性が保持されているという感覚である。同一性は肯定形で表記される必要があるため、肯定的な自己評価が重要になる。否定的な自己評価だけでは獲得には至らない。社会に参入する準備段階として、多くの同一化の対象を取捨選択し、秩序づけて統合していくことで「自我同一性（ego identity）」を確立することが課題となる。同一性の獲得がなされない場合は、混乱状態を呈する。

⑤後青年期（postadolescence）：21 歳〜 30 歳近くまでの時期に該当する。青年期から成人期への移行期である。職業や配偶者を選択し、社会的な役割と一

致させていくことで自我同一性をさらに強固なものに仕上げる時期でもある。

第3節 アイデンティティ

1. エリクソンのアイデンティティ理論

　アイデンティティとは、他者からどのように判断されたり評価されたりしたのかに対する観察と、観察に基づいて他者の判断や評価が適切か否かを内省し、どのように他者との関係性を評価するのかという観点から形成される。個人と社会の相互作用のなかから形成されていくものがアイデンティティである。青年期にアイデンティティの確立が全面的・永続的に達成できない場合は、「同一性混乱（identity confusion）」と呼ばれる不安定な状態に陥る。混乱に陥ると時間展望を失うため、将来への見通しがもてなくなり、担うべき役割を放棄することで他者と親密さを構築しにくくもなる。結果、自信を喪失して決定を先送りするという悪循環に陥る。エリクソン（1968）は、当初は「同一性拡散（identity diffusion）」という用語を使用していたが、主観的側面と客観的側面の両面を意味する「同一性混乱」という表記に変えている【QR2-2】。この過程を"混乱"ではなく、"猶予期間"（モラトリアム[(3)]）であると能動的にとらえ直すことで、「自分とは何者なのか」という課題に対して腰を据えて取り組み自己探求する余裕が生まれる。

　マーシャ（1966）は、自我同一性の状態を"危機"と"積極的関与"という観点から検討し、同一性達成、モラトリアム、フォークロージャー、同一性拡散という4つのステージを想定している。加藤（1983）は、マーシャの区分を援用して6つのステージに分けている。

　青年期は、「自分は本当に自分らしく生きているのか」という問いを抱きやすい時期である。この問いを通じて、「自分とはこういうものである」というアイデンティティを構築していく。幼少期からのあり方に疑問を抱くことが「危機」である。幼少期からのあり方に疑問をもたないということは、自分の根幹を形成している価値観などが親の期待と一致しているか期待に合わせていることになる。自分なりのあり方を示せているという意志の感覚が「コミットメント」である。自分なりに努力して自分らしく存在しているという感覚だと

いえる。

　同一性達成とは、危機をすでに経験して現在は自分なりのあり方をしており、自分とは何かについて考えた結果、自分なりに解決して行動できている状態である。モラトリアムとは、今まさに危機を経験中で自分なりのあり方を模索しており、自分について確信がなくなり選択肢に迷っている最中で不確かさを克服しようと努力している状態である。フォークロージャーとは、今まで危機を経験したことはないが、現在は自分なりのあり方をしており、自分と親の目標にずれがなく、危機を経験せずに自分なりのあり方に積極的に関与している状態である。同一性拡散とは、今まで危機を経験したことがない、もしくは危機を経験したことはあるが、現在は自分なりのあり方を模索していない状態である。今まで自分が何者かでありえたという経験をしていないため、自分が何者なのかや何者かでありえるという想像ができない状態と、危機を経験してはいるものの、将来的にすべてのものになれる、もしくはすべてのことができるという考えに支配され、自分なりのあり方を求めようとしていない状態である。

2. 大学生とアイデンティティの問題

　大学生という時期は、さまざまなことに思い悩む時期でもある。子どもでもないが大人でもないし、何かをなそうと模索するがまだ何もなしえていないことに傷つく時期でもある。このようなはっきりしない状況のなかで、自分は何をしたいのかを自問自答しながら、自分とは何者なのかを見出そうとする可能性に満ちた豊かな時期でもある【QR2-3】。アイデンティティの形成には「何かを選択する」という能動的なかかわりが必要になる。何かを選ぶということは何かを捨てるということでもあるし、隣の芝生は青く見えやすい。迷っているときに焦ってひとりで決める必要はない。信頼できる誰かと対話を続けながら、必要な時に備えて何かを選択する勇気をもつことが重要である。"縁"が生じた出会いを大切にして、じっくりと丁寧に"縁"を育んでいくことが、アイデンティティの形成に大きく影響すると考えている。

（大島　朗生）

【引 用 文 献】

Blos, P.（1962）. *On adolescence : A psychoanalytic interpretation*. New York: FreePress.（ブ
ロス，P. 野沢栄司（訳）（1971）. 青年期の精神医学　誠信書房）

Blos, P.（1967）. The second individuation process of adolescence. *Psychoanalytic Study of
the Child, 22,* 162-186.

Erikson, E.H.（1959）. Identity and the life cycle. New York: International Cniversities Press
（エリクソン，E.H. 西平直・中島由恵（訳）（2011）. アイデンティティとライフサイク
ル　誠信書房）

Erikson, E.H.（1968）. *Identity : youth and crisis*. New York: W.W. Norton & Company.（エ
リクソン，E.H. 岩瀬庸理（訳）（1973）アイデンティティ──青年と危機──　金沢文
庫）

Erikson,E.H. & Erikson, J.M.（1997）*The life cycle completed*（A REVIEW Expanded
Edition）. New York: W.W. Norton & Company.（エリクソン，E.H. 村瀬孝雄・近藤邦夫
（訳）（2001）. ライフサイクル、その完結＜増補版＞　みすず書房）

加藤厚（1983）. 大学生における同一性の諸相とその構造 教育心理学研究, *31,* 20－30.

Lewin, K.（1951）. *Field Theory in Social Science*. New York: Harper（レヴィン，K. 猪股佐
登留（訳）（1956）. 社会科学における場の理論　誠信書房）

Mahler, M.S., Pine, F., & Bergman, A.（1975）. *The Psychological Birth Of The Human
Infant*. New York: Basic Books.（マーラー，M.S. 他 高橋雅士・織田正美・浜畑紀（訳）
（1981）. 乳幼児の心理的誕生　黎明書房）

Marcia, J. E.（1966）. Development and validation of ego-identity status. *Journal of
Personality and Social Psychology, 3*(5), 551–558. doi:10.1037/h0023281

【用 語 解 説】

(1) **分離個体化**：マーラーら（Mahler, M.S.et al., 1975）の乳幼児の行動観察による研究で
明らかにされた概念で、乳児が母親との共生から離れて母親以外の世界に関心を向け始め
る過程を意味する。

(2) **愛着**（attachment）：特定の人や物に対して抱く特別な感情のこと。発達心理学などで
は、養育者と子どもとのあいだに形成される情緒的なつながりを指す。

(3) **モラトリアム**（moratorium）：エリクソンは、経済学において「支払いの返済を一定期
間猶予すること」を意味する「モラトリアム」を、「社会的な責任や義務をもつことに対
する延期」を意味する用語として心理学に取り入れた。

chapter 3 ストレスと精神疾患

第1節　ストレッサーとストレス

　現代社会がストレス時代と呼ばれるように、「ストレス（stress）」という言葉を見たり、聞いたりしない日はないと言っても過言ではない。これは日本に限ったことではなく、全世界に共通の問題である。

　もともと、工学の領域で「外から加えられた力に対するゆがみ」として使われていた言葉を、カナダの生理学者ハンス・セリエが1936年に英国の雑誌「ネイチャー」に「ストレス学説」を発表したことから医学の領域でもこの言葉が使われるようになった。そして、ストレスとは、心身の安全を脅かす環境や不快な刺激（ストレッサー）によって、それに対応するために心身の諸機能・諸器官が働き（ストレス状態）、その結果として、感情的側面（イライラ、落ち込み、不安・緊張など）、認知行動的側面（考えがまとまらない、集中できない、飲酒・喫煙が増えるなど）、生理的側面（血圧、心拍の増加など）にさまざまな変化（ストレス反応）が引き起こされるプロセスと定義された。しかしながら、ストレスの定義は研究者によってさまざまであり、同じストレス状況下でも人によって反応が異なり、個人差が生じる。すなわち、受けるストレッサーの種類、量、質の違い、ストレスを受ける個人の特性（パーソナリティ、行動特性）や、まさにおかれているその場所、その時の状況や環境、個人の心身の状態によってさまざまな心理生物学ストレス反応が生じる。

第2節　心身のストレス反応

1．体に影響を与えるメカニズム

（1）生体のストレス反応

　生体が物理的（寒冷や騒音など）、化学的（空気汚染や薬物など）、生物学的（細菌やウイルスなど）、そして心理社会的（対人関係や経済的変化など）なストレッサーにさらされると、まず大脳皮質[(1)]で知覚され、大脳辺縁系[(2)]を経由して視床

下部に伝えられた後、体内では2つの経路で生理反応が惹起される（図3-1）。1つは、内分泌系の応答経路である下垂体−副腎皮質（hypothalamic-pituitary-adrenal: HPA）系であり、コルチゾール[3]やデヒドロエピアンドロステロン（dehydroepiandrosterone: DHEA）[4]などを分泌する。もう一方は、交感神経を経由して副腎髄質からカテコールアミン[5]の分泌を促す交感神経−副腎髄質（sympathetic-adrenal medullary: SAM）系であり、ノルアドレナリンやクロモグラニン[6]、アミラーゼ[7]を分泌する。

　HPA系が活性化されると糖新生・血糖値を上昇、消化活動や免疫を抑制、炎症を抑制する等、生体がストレッサーに対処できるよう作用する。視床下

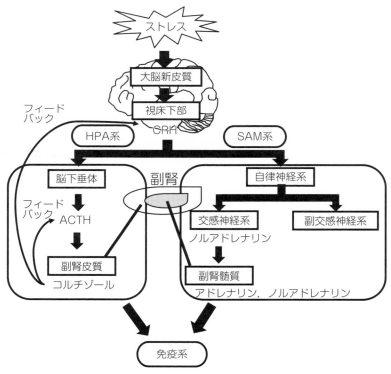

図3-1　生体のストレス反応 （岡村, 2021）

CRH：副腎皮質刺激ホルモン放出ホルモン（corticotropin-releasing hormone）
ACTH：副腎皮質刺激ホルモン（adrenocorticotropic hormone）

部[8]、海馬[9]、下垂体[10]にはコルチゾール受容体があり、コルチゾールの分泌が促進されるとネガティブフィードバックされ分泌量が調整されると同時に、ストレス刺激が過剰に加わらないよう制御される。

　一方、SAM系の亢進や活性化により血圧や心拍、発汗、覚醒、呼吸数、血糖値などが上昇し、逆に消化活動が抑制される。これらの変化は、生体がストレッサーに対処できるように作用する。さらに、SAM系の影響を受けながら拮抗して働く交感神経と副交感神経からなる自律神経系（autonomic nervous system: ANS）も生体の恒常性（ホメオスタシス）を維持するために重要な役割を担っている。

　SAM系とHPA系のはたらきは免疫系の活動に重要な影響を与える。たとえば、ストレスによるSAM系の過剰な興奮は、免疫系を賦活し炎症性サイトカイン[11]の分泌を促進する。また、HPA系が賦活しコルチゾールが過剰に分泌されると、炎症細胞のはたらきや過剰な免疫反応を抑制する。この3つの系がホメオスタシスを維持するために重要な役割を担っているが、これらのバランスの不均衡や破綻が、さまざまなストレス関連疾患を引き起こすものと考えられている。

（2）ストレスと精神神経内分泌免疫学

　前述したように、生体は、内外の環境に適切に対応すべく生体防御性を有している。その中心となるのが、神経系、内分泌そして免疫系である。この心身を結びつける相互関係に焦点を当てた学問領域を精神神経内分泌免疫学（psychoneuroendocrinoimmunology: PNEI）という。ここでは、ヒトを対象としたストレスのPNEI研究の主な知見に基づいて、ストレスが生体に与える影響を概説する（岡村ら，2014）。

　急性ストレス状況下では、生体防御のために一時的にSAM系、HPA系、免疫系のいずれの機能も一過性に賦活される。すなわち、コルチゾールが上昇するのに加えて、ノルアドレナリンおよび3-methoxy-4-hydroxyphenylglychol（MHPG[12]）濃度も上昇する。また、分泌型免疫グロブリンA（secretary immunoglobulin A: s-IgA[13]）抗体産生量やナチュラルキラー（natural killer: NK）細胞[14]活動の亢進も認められる。これは、ストレッサーによって引き起こされた怒り・恐怖などの緊急事態に対する生体の変化もしくは緊急反応であり、

生体が適応するための合目的な反応であると思われる。しかしながら、コント
ロール不能事態では s-IgA 抗体産生量やインターロイキン 6（Interleukin-6: IL-6）
が上昇し、逆に NK 細胞活性が低下もしくは変動しないという免疫指標間にお
ける反応の解離が報告されている。これは、急性ストレス状況下における免疫
系の反応は一方向に変化するのではなく、ストレッサーの種類や状況、個人の
認知的評価の違いによって、免疫指標間の反応性が異なることを示している。

　一方、慢性的なストレス状況下では、SAM 系と HPA 系は急性ストレス反
応と同様の変化を示すが、免疫系では抑制（s-IgA 抗体産生量および NK 細胞の低下）
が認められる。これらの知見は、慢性ストレス条件下での長期的なコルチゾー
ルとノルアドレナリンの過剰分泌が免疫細胞の活動性を抑制し、その結果とし
てウイルスや細菌による感染症や心身症をはじめとするストレス関連障害につ
ながることを示唆している。さらに、配偶者の喪失や自然災害などのライフイ
ベント、認知症の配偶者の介護者や、うつ病患者では炎症性サイトカインや
C- リアクティブ・プロテイン（C-reactive protein; CRP）[15] が上昇していること
から、心理社会的な慢性ストレス状態が肥満や高血圧、冠状動脈性心臓病、糖
尿病、動脈硬化などの疾病につながることを示している。

2．ストレスのトランスアクショナル・モデル

　今日、ストレス反応表出の個人差を考慮したストレスの特性（主観的で、相対
的なもの）をもっともよく説明した理論が、ラザルスとフォルクマン（1984）に
よって提唱された認知的評価およびストレッサーに対するコーピング（対処、
克服）を重視するトランス アクショナル・モデル（transactional model）である
（図 3-2）。このモデルは、ストレス反応を引き起こす条件は必ずしも絶対的なも
のではなく、脅威または有害であると認識されたストレッサーと個人が有する
コーピング（対処）資源とのあいだのトランスアクショナル（相互作用的）な不
均衡から生じることを強調する。このことは、ある個人にとってストレスとな
るものが、ほかの個人ではそうならないことを示唆している。

　トランスアクショナル・モデルによれば、認知的評価の最初は、一次的評価
の段階である。自分にとって、ストレッサーは無関係なものか、受け入れやす
いものか、あるいはストレスフルなものかを判断する。ここで、安寧を脅かす

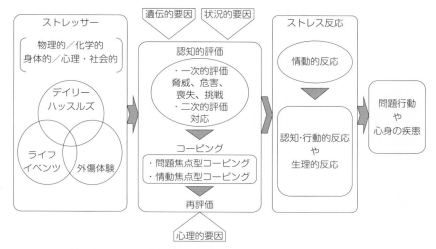

図3-2　ストレスのトランスアクショナル・モデル（岡村・津田，2013）

　ものと評価された時、脅威、危害・喪失、挑戦すべき対象となり、不安などの不快な感情もしくは情動によって特徴づけられたストレスフルな状況が喚起される。続く、二次的評価の段階では、その状況に対して対処可能か、不可能かを考える。その事態を克服するために、現有するコーピング資源のなかから利用可能なコーピング方略が考慮・選択される。コーピングの選択と実行は、ストレッサーの性質に加えて、個人的な特性要因を含む個人の信念や価値観によっても規定される。

　最後の再評価の段階では、ストレッサーに対するコーピングが成功したか失敗したかについてあらためて評価される。ここで、コーピングが失敗した結果として生じる情動が不安や恐怖である（岡村・津田，2013）。

　ストレスの感じ方は十人十色と表現されるように人によって異なる。そのため、ストレスコーピングの方法も人それぞれである。重要なのは、1つ目として、自分の今のストレスの原因は何なのか？　自分がどのような時にストレスを感じやすいのかを知ること、2つ目として、自分に合う、または状況に合ったストレスコーピングを見つけることである。最後に3つ目として、自分の考え方のクセ（白黒思考や、べき思考など）を知ることで、ストレスの予防、軽減に

つながり、ストレスによる発病・再発の予防にもつながる。

第3節 ｜ ストレスと精神疾患

　さまざまな要因が複雑に関係して精神疾患が発症することを説明する仮説としてストレス脆弱性モデルがある（Zubin, 1988）。主要な精神疾患である統合失調症や気分障害などは遺伝的影響に加えて、病気になりやすいかどうか（脆弱性）に対してストレスが加わることによって発症すると考えられている。

　ズービンとスプリング（1977）は、生態学、発達、学習、遺伝、内部環境、神経生理の6領域から精神疾患の発症に関わる要因を検討した。その結果、そのいずれの要因も単一では脆弱性になりえない、すなわち、それぞれの要因だけでは発症に関する条件を満たさないが、各要因の相互作用とストレスとのバランスによって精神疾患が発症するという仮説を提唱した。

　大規模災害による被災、犯罪被害などのように非常に強いストレスを経験した際には、脆弱性が小さく、ストレス耐性が高い個人でも心的外傷後ストレス障害（post-traumatic stress disorder: PTSD）に罹患しやすくなる。また、気分障害や不安障害などは、一過性の強烈な身体的・精神（心理）的なストレスや日常生活で経験する慢性的なストレス状況によって発症する。統合失調症は、これらの疾患に比較して脆弱性による影響が大きいことが指摘されており、比較的弱いささいなストレッサーでも発症する。精神疾患の発症と再発、転帰は生物・心理・社会的（病前パーソナリティ、順応性、社会環境など）な要因と関係しており、個人がもつ脆弱性とそれに特異的に作用するストレッサーの出現により、心身のバランスが崩れ，初回の精神疾患エピソードにつながり、たとえ回復しても次のエピソードへの脆弱性を残す。

　最近では、児童虐待が社会問題化されているが、乳幼児期における虐待、ネグレクトといった大きなストレスの経験は、後年になって気分障害や摂食障害、PTSDなどの精神疾患の発症リスクと関連することが見出されている（胎児期・乳幼児期のストレスと精神疾患に関してはコラム1を参照）。しかし、そのメカニズムは未だ解明されていない部分が多い。すなわち、乳幼児期に経験した虐待やネグレクトなどが影響を与える成長後のSAM系やHPA系のストレス反応性に

は、虐待の種類や暴露された年齢や期間、その後に罹患した精神疾患、現在の生活環境や状態などの多くの心理社会的要因が強く影響していると考えられ、今後さらなる検討が必要である。

（岡村　尚昌）

【引 用 文 献】

Lazarus, R. S., & Folkman, S. (1984). *Stress, appraisal and coping.* Springer.（ラザルス, R.S.・フォルクマン, S. 本明寛・春木豊・織田正美（監訳）(1991). ストレスの心理学——認知的評価と対処の研究——　実務教育出版）

岡村尚昌・三原健吾・矢島潤平他（2014）. 心理社会的ストレスの精神神経内分泌免疫学的アプローチ　ストレス科学, *29*, 29-44.

岡村尚昌・津田彰（2013）. ふあん　不安　anxiety. 藤永保（監修）最新心理学事典（pp. 660-664）平凡社

岡村尚昌（2021）. ストレスが体に与える影響. 津田彰・本田泰弘（監修）東洋医学を応用したストレスケアの実際（pp. 11-13）錦房

Selye, H. (1936). A syndrome produced by diverse nocuous agents. *Nature, 138*, 32.

Zubin, J. (1988). Chronicity versus vulnerability. In M. T. Tsuang & J. C. Simpson (Eds.), *Nosology, Epidemiology, and Genetics of Schizophrenia. Handbook of Schizophrenia,* Vol. 3. (pp.463-480). Houston: Elsevier Science Ltd.

Zubin, J., & Spring, B. (1977). Vulnerability : a new view of schizophrenia. *J Abnorm Psychol, 86*, 103-126.

【用 語 解 説】

(1) **大脳皮質**：大脳半球の表層部に集まる灰白色の神経細胞。灰白質ともいう。100億を超える神経細胞が層を作って配列されている。

(2) **大脳辺縁系**：大脳辺縁系とは、記憶を司る海馬や、自律神経機能に関与する脳梁などが属する部位の総称である。情動の表出、食欲、性欲、睡眠欲、意欲などの本能や自律神経活動に関与している。

(3) **コルチゾール**：副腎皮質から分泌される代表的なストレスホルモンの一つ。肝臓での糖の新生、筋肉でのタンパク質代謝、脂肪組織での脂肪の分解などの代謝の促進、抗炎症および免疫抑制などで、生体にとって非常に重要なホルモンである。

(4) **ＤＨＥＡ**：コルチゾールと同様に副腎皮質から血中に分泌されるが、これらのホルモンは拮抗作用を示す。加齢に伴い低下することからアンチエイジングの分野で注目されている。

(5) **カテコールアミン**：副腎髄質および交感神経に存在する生体アミンの総称であり、自律

神経系を反映する代表的な神経伝達物質として一般的かつ広く知られているノルアドレナリン、アドレナリンに加えて、ドーパミン（ノルアドレナリンの前駆体、ドパミンとも表記される）などが知られている。

(6) **クロモグラニン**：副腎髄質のクロマフィン親和性細胞から分泌される糖タンパク質であり、血中のカテコールアミン類の放出を反映する。

(7) **アミラーゼ**：唾液や膵液に含まれる消化酵素の１種で、交感神経の亢進に伴い、上昇する。

(8) **視床下部**：視床（嗅覚以外の感覚情報を大脳皮質へ中継する）の下側に位置し、脳下垂体へとつながっている。自律神経系の中枢である。

(9) **海馬**：本能的な行動や記憶に関する部位。とくに記憶のなかでも新しい情報の一時的な保管場所と考えられている。海馬にはあらゆる感覚情報が絶え間なく入力されており、それを整理して１～数ヵ月間ほど保管する。

(10) **下垂体**：副腎皮質刺激ホルモン（ACTH）、成長ホルモン、性腺刺激ホルモンなどの多くのホルモンを分泌する内分泌器官である。

(11) **炎症性サイトカイン**：炎症反応を促進するはたらきをもつサイトカイン（免疫系細胞から分泌されるタンパク質）のことである。免疫に関与し、細菌やウイルスが体に侵入した際に、それらを撃退して体を守る重要なはたらきをする。腫瘍壊死因子（TNF）、IL-6などが含まれる。

(12) MHPG：中枢ノルアドレナリンの最終代謝産物であり、不安や緊張を鋭敏に反映する。

(13) **IgA**：体液性免疫物質の一つであり、口腔、気道などの粘膜上における病原体の増殖を防ぐはたらきをもつ。

(14) **NK 細胞**：常に体内を巡回しており、腫瘍細胞やウイルス感染細胞から生体を防御する免疫細胞である。

(15) **CRP**：体内に異物が侵入した際に起こる炎症反応や組織壊死に伴い増加する血中タンパク質。

🌱 コラム 1：胎児期・乳幼児期のストレスと精神疾患

　ストレッサーに対する神経系、内分泌系、免疫系の反応は、個体の発達に従い影響を受けながら変化していく。とくに、新生児期や乳幼児期、児童期における体験は、その後のストレス反応性や認知機能に重大な影響を与えることが指摘されている。

　ストレス反応に関わる脳内システムの発達形成過程には、臨界期（ストレスの影響を受けやすい時期）が存在することが指摘されている。胎児期後半から乳幼児期の不適切な養育環境による過度なストレッサーは副腎皮質刺激ホルモン放出因子（CRF）を亢進させる。その結果、HPA 系や SAM 系に機能異常が生じ、将来のストレス反応の増強や精神疾患の発症リスクを高めることにつながることが示されている（Nemeroff, 2004）（図 1）。

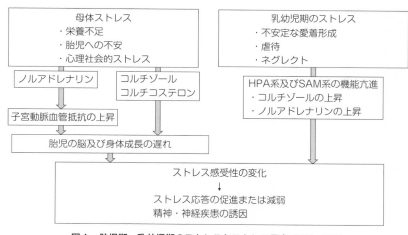

図 1　胎児期・乳幼児期のストレスとストレス反応（岡村, 2018）

　妊娠中の母親の不安・抑うつ気分や、それに伴うコルチゾール濃度の高さが、出生後の乳児が示す新しい状況や慣れない環境への順応性の低さと関連していることが明らかにされている。また、妊娠中に、生まれてくる子どもに対する不安や心配が強く、コルチゾール濃度が高い母親の子どもの多くが、ワクチン接種日や入学初日などのようなストレスを強く感じやすい日のコルチゾール濃度が顕著に高いこともわかっている。これらのことから、妊娠中における母親の心理社会的ストレスの頻繁な経験が、乳児から大人までのストレッサーに対する脆弱性に影響することが考えられる（岡村, 2018）。

　さらに、乳児から幼児期にかけて脳機能が著しく発達する時期に、養育者から虐待などの過度なストレスを受けると、成長後も HPA 系と SAM 系の機能亢進が持続する。その結果、ストレッサーに対する感受性が高まり、虐待を受けた時期のみならず、思春期、青年期そし

て成人期に至るまで影響し続けることが明らかにされている。たとえば、児童期に身体的虐待を受けた群では、そうでない群に比較して、急性ストレス（スピーチと暗算課題で構成されているストレス課題）に対するコルチゾール、副腎皮質刺激ホルモン（ACTH）および心拍数の上昇が有意に高いことが報告されている（Heim et al., 2000）。ストレスが精神疾患の発症と予後に影響を与えることは、精神科臨床では以前からよく知られた事実として示されている。この Heim らの研究は、何年も前の児童虐待の影響が、精神疾患の予後のみならず、後年にわたるまで内分泌機能や循環器機能にも影響を及ぼすことを示唆している（篠崎, 2018）。また、乳幼児期にくり返し身体的虐待や育児放棄によるネグレクトを受けると、生育後に情緒障害、気分障害、摂食障害、性機能障害、薬物乱用、注意欠如多動性障害（ADHD）や統合失調症などの精神・神経疾患の有病率が高くなるという報告もされている。

PTSD、気分障害、摂食障害などはストレスとの関連が強い代表的な精神疾患であるが、治療反応性や再発の有無には個人差が大きいことも明らかにされている。たとえば、児童期のトラウマが抗うつ薬や精神療法に対する治療反応性に影響する。加えて、発症前の脆弱性や治療反応性には個人因子としてとくに遺伝的因子が強く働いていることが予想されるが、それに加えてさまざまな生物学的および環境的因子が複雑に相互に関係していると考えられている（松澤, 2016）。また、児童・思春期の精神疾患に治療的アプローチをする際は、まず子どもの精神疾患発症に関連する生物 - 心理 - 社会モデルを用いて、それに関与すると目されるさまざまな要因を評価する必要がある。とくに虐待などの過剰なストレス環境で育った子どもに対しては、虐待の有無はもちろんのこと、家族システムの機能不全の有無といった養育環境の評価、これまでの発達過程や神経発達症候群に含まれる疾患の有無などの発達特性の評価、そしてアタッチメントの特徴や自己とパーソナリティ形成上の特徴の評価に焦点をあてる必要がある（齊藤, 2020）。

（岡村　尚昌）

【引 用 文 献】

Heim, C., Newport, D. J., Heit, S., et al. (2000). Pituitary-adrenal and autonomic responses to stress in women after sexual and physical abuse in childhood. *JAMA, 284* (5), 592-597.

松澤大輔 (2016). ストレス関連精神疾患とエピジェネティクス　行動医学研究, *22* (2), 57-64.

Nemeroff, C.B. (2004). Neurobiological consequences of childhood trauma. *Journal of clinical Psychiatry, 65* Supplements 1, 18-28.

岡村尚昌 (2018). 胎児期・乳幼児期ストレスとストレス応答　堀忠雄・尾崎久記（監修）生理心理学と精神生理学（3 巻）(pp. 195-204) 北大路書房

齊藤万比古 (2020). 児童期・思春期精神障害を理解するための３つの観点――アタッチメント、虐待、そして発達障害――　精神神経学雑誌, *122* (5), 343-356.

篠崎元 (2018). 精神疾患におけるエピジェネティクスの役割の基礎――DNA メチル化を中心に――　精神神経学雑誌, *120* (9), 804-812.

hapter
4 神経症

第1節 神経症とは

　精神障害はその原因によって外因性・内因性・心因性に区別して考えられてきた。外因性とは、脳腫瘍や脳血管障害、脳の萎縮によって起こる認知症など、脳自体の器質的な変化や他の身体病変によって現れる精神障害である。一方、内因性とは、統合失調症や躁うつ病など個人の内にその原因がある精神障害である。そして、心因性（ストレス・葛藤）によって起こる心身の異常を症状とする精神障害が神経症である。身体の症状がみられる場合でも、内科や外科的な検査で異常はみられない。ストレス社会といわれる現代では、誰でも神経症を発症する可能性がある。神経症を発症するかどうかは、その人のストレスに対する認知（物の見方や考え方）や対処能力（ストレスコーピング）、身体状態などの個人の特性が関係している。また環境（生育環境や周囲のサポート）も影響する。すなわち、神経症は、ストレスとなる状況因・特性因・環境因が絡みあって発症すると考えられる。

　近年、ICD [(1)] や DSM [(2)] などの操作的診断基準 [(3)] が用いられるようになり、外因性・内因性・心因性の分類や、神経症という名称は用いられることが少なくなってきたが、原因や治療を考える上で有用である。

第2節 不 安 障 害

　神経症でもっとも普遍的な症状は、過剰な不安である。不安が症状の中心にある神経症は不安障害としてまとめられる。大学生にもよくみられる不安障害の操作的診断基準（DSM-5）による障害名とその症状は以下の通りである。

1．パニック障害（Panic Disorder：PD）
（1）症状の具体例
　大学生の A は、通学の電車のなかで、突然心臓がドキドキして息苦しく

なった。体が震えて熱くなり汗が出て、吐き気がした。恐怖感がこみあげ、次の駅で慌てて電車を降りた。ホームで椅子に座って休むと回復した。内科を受診し、検査をしたが異常はないと言われた。しかし、その後も電車で同様の症状が現れ、症状が起こる不安から通学が困難になった。

（2）疫　　　学[4]

日本人のパニック障害の有病率[5]は約 1.7%〜3.3% である。発症率[6]は、男性に比べて女性の方が約 2〜3 倍多く、男性では 20〜30 代にピークがあるが、女性では 20〜30 代と 50〜60 代の 2 つのピークを示す（Kaiya, H. et al., 2005）。

（3）診断基準（APA, 2013）

くり返される予期しないパニック発作。パニック発作とは、突然、激しい恐怖または不快感の高まりが数分以内でピークに達し、その時間内に、以下の症状のうち 4 つ以上が起こる。

①動悸または心拍数の増加。②発汗。③身震いまたは震え。④息切れ感または息苦しさ。⑤窒息感。⑥胸痛または胸部の不快感。⑦嘔気または腹部の不快感。⑧めまい感、ふらつく感じ、頭が軽くなる感じ、または気が遠くなる感じ。⑨寒気または熱感。⑩異常感覚（感覚麻痺またはうずき感）。⑪現実感消失（現実ではない感じ）または離人感（自分自身から離脱している感じ）。⑫抑制力を失うまたはどうかなってしまうことに対する恐怖。⑬死ぬことに対する恐怖。

以下の 1 つまたは両方が 1 ヵ月間以上続いている。

①さらなるパニック発作が起こることやその結果（例：抑制力を失う、心臓発作が起こる、どうかなってしまうなど）についての持続的な心配。（＝予期不安）②発作に関連した行動の不適応的変化（例：運動や慣れない場所や発作が起こった状況を回避するといった、パニック発作を避けるような行動）【QR4-1】。

2．社交不安障害（社交恐怖 Social Anxiety Disorder：SAD）

（1）症状の具体例

大学に入学した B は、英語の授業で、自己紹介をすることになった。皆が流暢に自己紹介をしていくなかで、英語に自信のない X は、できない奴だと思われたらどうしようと不安や緊張が高まった。皆から注目される恐怖感で、

心臓はドキドキし、手や声は震え、汗が出て顔が赤くなっているのが自分でもわかった。その後ほかの授業でも、皆から見られることを考えると不安で緊張して同様の症状が現れるのがつらく、授業を休みがちになった。

（2）疫　　学

対人恐怖や社会恐怖、社会不安障害ともいわれてきた。生涯有病率[7] は、13.3％。5歳および11〜15歳に発症のピークがあり、男女同じ程度にみられる（Fresco, D.M., et al. 2000）。

（3）診断基準（APA, 2013）

①他者の注視を浴びる可能性のある社交場面に対する著しい恐怖または不安。
②あるふるまいをするか、不安症状を見せることが、否定的な評価を受けることになると恐れている。
③その社交的状況は、ほとんど常に恐怖または不安を誘発する。
④その社交場面は回避されるか、強い恐怖や不安を感じながら耐え忍ばれる。
⑤その恐怖または不安は、その社交場面がもたらす現実の危険や、その社会文化的背景に釣り合わない。
⑥その恐怖、不安、回避は持続的であり、典型的には6ヵ月以上続く。
⑦その恐怖、不安、回避は、臨床的に意味のある苦痛、または社会的、職業的、他の重要な領域における機能の障害を引き起こしている。【QR4-2】

3．強迫性障害（Obsessive-Compulsive Disorder：OCD）

（1）症状の具体例

大学生Cは、一人暮らしをするようになってから、家を出る時にドアの鍵が閉まっているかが気になり、何回も確認するようになった。鍵をかけた後に確認するのみならず、大学に向かう途中や授業を受けている最中でも、鍵が閉まっていないのではないかという考えが浮かび、家に帰って確かめないと不安で落ち着かなくなり、授業に遅刻、欠席をすることが増えていった。

（2）疫　　学

生涯有病率は、2〜3％。性差は成人では認められないが、青年期に限ると男性に多い。発症平均年齢は約20歳である（広沢, 2011）。

（3）診断基準（APA, 2013）

強迫観念、強迫行為、またはその両方が存在する。強迫観念としては以下があげられる。

①くり返される持続的な思考、衝動、またはイメージで、それは侵入的で不適切なものとして体験されており、強い不安や苦痛の原因となる。

②その思考、衝動、またはイメージを無視したり、抑え込もうとしたり、他の思考や行動によって中和しようと試みる。

強迫行為としては以下があげられる。

①くり返しの行動または心のなかの行為であり、強迫観念に対応してそれらの行為を行うよう駆り立てられているように感じている。

②その行動または心のなかの行為は、不安または苦痛を避けるか緩和すること、または何か恐ろしい出来事や状況を避けることを目的としている。しかしその行動または心のなかの行為は、それによって中和したり予防したりしようとしていることとは現実的な意味ではつながりをもたず、または明らかに過剰である。

強迫観念または強迫行為は時間を浪費させる、または苦痛、社会的・職業的・他の重要な領域における機能の障害を引き起こしている。【QR4-3】

第3節 不安障害の治療と対応

1．治　療

（1）薬物療法

不安障害の薬物療法の第一選択は、SSRI（Selective Serotonin Reuptake Inhibitor 選択式セロトニン再取り込み阻害剤）である。不安や恐怖は脳の扁桃体[8]の過活動によって引き起こされるが、セロトニンは扁桃体の活動を抑えるように働く。したがって、セロトニンは不安や恐怖を和らげるはたらきがあるが、不安障害では、セロトニンの量が低下しているといわれている。脳内の神経伝達は、シナプスという部位を介して神経回路を形成している。シナプス前神経細胞から神経伝達物質であるセロトニンが放出され、シナプス後神経細胞の受容体へ結合することで情報が伝達される。放出されたセロトニンの一部は、シナプス前

神経細胞へ再取り込みされるが、この再取り込みを阻害すると伝達に使われるセロトニンを増やすことができる。ただし、SSRI の効果は、2～6週間をかけてゆっくりと現れてくる。そのため、初期には、扁桃体の神経細胞の活動をダイレクトに抑えて、即効性のあるベンゾジアゼピン系抗不安薬 [9] を併用することが多い。

（2）精 神 療 法

支持的精神療法 [10] や心理教育 [11] に加えて、認知行動療法 [12] が行われることが多い。森田療法 [13]、力動的精神療法 [14] なども行われている。

2．周囲の対応

不安障害は、誰にでもありうる不安や緊張の量的な違いなので、周囲からは性格や気持ちの問題だと軽くみられがちであるが、まず本人のつらさに耳を傾け共感的理解を示して、良き相談者となることが大切である。症状のために本人が苦痛を感じていたり、大学生活など重要な領域における障害を引き起こしている場合は、専門医の受診を勧めるのが良い。症状自体がさらなるストレスとなり、悪循環を形成している場合も少なくないので、悪循環を断ち切るためにも薬物療法は有効であることが多い。

最初に述べたように、神経症は、ストレスとなる状況因・特性因・環境因が絡みあって発症するため、それぞれの要因について考え、改善できるところから改善していくことで、症状が軽減していくことも多い。ストレスとなった状況因について考え、それを軽減していくことが一番わかりやすいが、起こってしまった過去の出来事や、生きる上で必要不可欠なこと、他者の気持ちなどを変えることは難しい。また、本人がストレスを意識していない場合もある。そのような場合でも、本人の考え方や行動、周囲のサポートなど、何かひとつでも変わることが改善への契機となりうる。

日常生活では、身体状態や自律神経を整えるため、睡眠不足を避け、規則正しい生活をする、アルコールやニコチン、カフェインの摂取を控える、軽く汗をかく程度の有酸素運動を行う、日光を浴びるなどを心がけることが望ましい。

（井上　清子）

【引 用 文 献】

American Psychiatric Association（2013）. *The diagnostic criteria from DSM-5*.（高橋三郎・大野裕（監訳）（2014）. DSM-5 精神疾患の分類と診断の手引き　医学書院）

広沢正孝（2011）. 強迫性障害（強迫神経症）　山内俊雄・小島卓也・倉知正佳・鹿島晴雄（編）専門医をめざす人の精神医学（pp.475-481）医学書院

Kaiya,H.,Umekage,T., Harada,S., et al.（2005）. Factors associated with the development of panic attack and panic disorder : survey in the Japanese population. *Psychiatry Clin. Neurosci*, 59 ; 177-182.

Fresco, D.M., Erwin, B.A., Heimberg, R.G., et al.（2000）. Social and specific phobias. In M.G. Gelder, J.J. Lopez-Ibor, N. Andreasen（Eds.）, *New Oxford Textbook of Psychiatry*（pp.798-807）Oxford : Oxford University Press.

【用 語 解 説】

(1) **ICD**：世界保健機構（WHO）が発行している「疾病および関連する健康問題の国際統計分類（International Statistical Classification of Diseases and Related Health Problems）」の略称で、最新版は、ICD-11（第11版）である。国際的な統計をとるため、世界共通の診断基準を作成するという目的で作られた。精神疾患のみならず疾患全体を網羅しコード番号が割り振られている。

(2) **DSM**：米国精神医学会（APA）が発行している「精神疾患の分類と診断の手引き（Diagnostic and Statistical Manual of Mental Disorders）」の略称で、最新版は DSM-5（第5版）である。米国精神医学会のみならず、事実上、世界の精神医学のスタンダードとなっている。

(3) **操作的診断基準**：各疾患にみられる症状を列挙し、ある数以上あてはまるとその疾患と診断するものとする基準。医師の主観や経験によるところが大きかった精神疾患の診断について、DSM-Ⅲ（1980）、ICD-10（1992）から明確な基準がもうけられた。

(4) **疫学**：明確に規定された人間集団のなかで出現する健康関連のいろいろな事象の頻度と分布およびそれらに影響を与える要因を明らかにして、健康関連の諸問題に対する有効な対策樹立に役立てるための科学。

(5) **有病率**：ある一時点において、集団のなかで病気にかかっている人の割合。

(6) **発症率**：特定の期間内に、集団のなかであらたに病気にかかった人の割合。

(7) **生涯有病率**：集団のなかで、一生のうちに病気にかかった人の割合。

(8) **扁桃体**：脳の側頭葉の内側に存在するアーモンド（扁桃）形の神経細胞の集まり。恐怖や不安といったマイナスの情動に深く関わっている。

(9) **ベンゾジアゼピン系抗不安薬**：ベンゾジアゼピン系抗不安薬によってベンゾジアゼピン受容体が刺激を受けると、脳の興奮が抑制され、抗不安作用や催眠・鎮静作用などが速やかに現れる。

(10) **支持的精神療法**：患者の話に耳を傾け、共感を示し、サポートすることが主体の精神療法。

(11) **心理教育**：正しい知識や情報を心理面への十分な配慮をしながら伝え、病気や障害の結果もたらされる諸問題・諸困難に対する対処法を習得してもらうことによって、主体的に病気や障害に向きあえるように援助する方法。

(12) **認知行動療法**：ネガティブな認知（思考や考え方）を少しずつ修正していく認知療法と、本人にとってやりやすいところから段階的に行動目標を決めていく行動療法が、総称され認知行動療法と呼ばれるようになった。

(13) **森田療法**：森田正馬によって創始された神経症に対する精神療法。自身の思考・感情などをコントロールしようとして一喜一憂する姿勢（気分本位）を戒め、思考・感情は「あるがまま」に、やるべき行動を積み重ねることに関心を向ける姿勢（事実本位・目的本位）を重視した。

(14) **力動的精神療法**：症状や悩みの背景にある無意識の葛藤やくり返されている自分の傾向を知ることでそれらの改善を目指す精神療法。精神分析的精神療法とも言われる。精神分析が週に４〜５回、寝椅子に横たわり自由連想を行うのに対して、力動的精神療法では、回数も少なく通常は椅子に座って行われる。

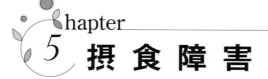

5 chapter 摂食障害

第1節 摂食障害とは

　摂食障害（eating disorders）は食行動異常を呈する疾患群を指す。その中心にあるのが神経性無食欲症（anorexia nervosa）である。本症は拒食症、神経性食思不振症、神経性無食欲症、思春期やせ症、過食症、ビンジ・パージ症候群などさまざまな呼称がある。ストレス状況を拒食や過食などの食行動異常で表現する疾患とされ、代表的な「心身症」ととらえる考え方もある。日本では1950年代から拒食症が、1970年代から過食症が報告されるようになった。1990年代から女子学生のあいだにやせ願望が浸透し、摂食行動異常が増加している。

　摂食障害は、文字通り心身両面に重篤な症状や徴候が認められる。無月経や不妊、低身長、骨粗鬆症などの長期的な身体合併症がある一方、うつ病やアルコール依存などの精神疾患の併存も高率にみられる。死亡率が高く、自殺率も高い。また患者だけでなく家族の負担も大きく社会的損失も大きい疾患である。

　摂食障害には乳幼児期の哺乳・摂食行動の異常として異食、反芻、食物制限・回避などが知られている。本章では主として神経性やせ症/神経性無食欲症、神経性過食症/神経性大食症について概説する。

第2節 摂食障害の分類

　表5-1に、DSM-5とICD-11に記載されている摂食障害の分類を示した。なお本章では「摂食障害」の呼称を用いるが、DSMでは「食行動障害および摂食障害群」、ICDでは「食行動症または摂食症群」がFeeding and/or eating disordersの日本語訳として採用されている。

　DSMでは、持続する食行動の異常により特徴づけられる疾患群を摂食障害と呼び、栄養の摂取・吸収に影響を与え時に重篤な身体的状況に至ること、心

理社会的機能にも影響を与えることをコンセプトとしている。当初より小児期の食行動異常も摂食障害の分類に含めていた。表 5-1 にあげられた診断分類は互いに排反的な分類であり、単一のエピソードで適用されるのは単一の診断分類だけとされている。

表 5-1　摂食障害の分類

DSM-5	ICD-11
食行動障害および摂食障害群	食行動症または摂食症群
異食症	神経性やせ症（神経性無食欲症）
反芻症	神経性過食症（神経性大食症）
回避・制限性食物摂取症	むちゃ食い症（過食性障害）
神経性やせ症 / 神経性無食欲症	回避・制限性食物摂取症
神経性過食症 / 神経性大食症	異食症
過食性障害	反芻・吐き戻し症
その他の食行動障害・摂食障害	その他の食行動症または摂食症

1. 神経性やせ症 / 神経性無食欲症

　神経性やせ症 / 神経性無食欲症には必須条件として 3 つの特徴があげられている。すなわち①持続性のカロリー摂取制限、②体重増加・肥満に対する強い恐怖、③体重・体型に関する自己認識（ボディイメージ）の障害である。

　体重のみならず身体的な健康維持のためには、栄養素のバランスと必要なエネルギー量のある食事が必要であるが、神経性やせ症 / 神経性無食欲症患者は必要量と比べてカロリー摂取を制限する。その結果年齢、性別、成長曲線、身体的健康状態に対する有意に低い体重に至る。

　患者は有意に低い体重であるにもかかわらず、体重増加または肥満になることに対する強い恐怖を感じている。体重がわずかでも増加した場合食後に猛烈な運動、下剤の使用や自己誘発性嘔吐などの体重増加を妨げる強迫的な行動がみられる。これらの行動は罹病期間中のみならずその前後からみられ、持続する。

　患者は、自分の体重または体型へのとらわれが強いことが多い。日々の体重変化に一喜一憂し、外見上やせが目立つ状態であってもそれを認めようとせず、深刻な状況であることへの認識がない。体重や体型の体験のしかたにおける障害があり、「顔が丸くなった」「下腹部が出てきた」などと訴え、周囲がそ

れを否定してもその認知を修正することは困難である。また、自己評価のほぼすべてを「体重」や「体型」が決定していると言ってもよいほど不相応な影響を受けており、現在の低体重の深刻さに対する認識も持続的に欠如していることが特徴である。

2. 神経性過食症 / 神経性大食症

　神経性過食症 / 神経性大食症も同様に３つの基準、①反復する過食エピソード、②体重増加を防ぐための不適切な代償行動、③自己評価に過大な影響を与える体型・体重の認識をあげている。

　反復する過食エピソード（むちゃ食い）とは、明らかに多い食物を食べることを指すが、この状態は患者の１日の行動のなかでほかとはっきり区別される時間帯に認められる。過食エピソードの特徴は、通常よりずっと速く、苦しいくらい満腹になるまで食べること、身体的に空腹を感じていないのに大量に食べることである。エピソード中、患者は自分では食べることを抑制できないという感覚を体験している。また、患者はむちゃ食いしていることを恥ずかしく感じるので１人で食べることが多い。さらに、過食後になって自己嫌悪、抑うつ気分または強い罪責感を感じること、むちゃ食いに対して明らかに苦痛を感じていることも特徴である。

　神経性過食症 / 神経性大食症患者も、神経性やせ症患者同様に、体重増加・体型変化への恐怖に近いとらわれを感じており、体重増加を防ぐための涙ぐましいほどの努力をする。体重増加を抑制するための不適切な行動を「パージング行動」と呼ぶ。パージング行動には、自己誘発嘔吐、下剤、利尿剤の乱用、絶食、過剰な運動などが含まれる。パージング行動によって、極端な体重増加や体型の変化は抑制されていることが多いが、神経性やせ症同様に、自己評価が体型および体重の影響を過度に受けている。

3. 過食性障害 / むちゃ食い症

　過食性障害 / むちゃ食い症も神経性過食症 / 神経性大食症と同様、過食エピソード（むちゃ食い）がみられる症候群である。特徴は、パージング行動、すなわち体重変化を抑制するための不適切な対象行動が認められないことである。

第3節　診　　断

摂食障害の診断は、食行動の異常とその背景となっている病理性、身体的状況から診断を行う。

1.　神経性やせ症 / 神経性無食欲症の診断

神経性やせ症 / 神経性無食欲症は、食行動異常による低体重、体重増加・体型変化に対する恐怖、ボディイメージの障害が診断に際して必須の条件である。

（1）低　体　重

低体重の度合いを表す指標として一般的に BMI（Body Mass Index）が用いられる。これは体重（キログラム）を身長（メートル）で 2 回除した数値で表される（kg/m²）。神経性やせ症 / 神経性無食欲症の重症度も BMI で分類される。成人の場合の BMI は 18.5 が正常の下限とされている。したがって BMI が 18.5 未満の場合は低体重・やせと判断される。16 未満は重度のやせであり、生命に危険が及ぶレベルでもある。

小児の場合は、BMI ではなく年齢別の標準体重と比較した数値を用いることが多い。（現在の体重－標準体重）/ 標準体重をパーセントで表す（－20%、など）。－30%の低体重は生命の危険がある体重である。

羸痩（やせ）が著しくなることでさまざまな身体的症状・徴候を呈する。循環器系の症状として低血圧、低体温、徐脈がみられ、内分泌的には無月経が認められる。また便秘、腹痛、寒さに弱い、多毛（産毛が多い）もみられるようになる。パージング行動による徴候として、唾液腺の肥大、歯の侵食（胃液の逆流による）、吐きダコ（自己誘発嘔吐による）がみられることもある。

（2）体重増加・体型変化に対する恐怖

体重増加や体型変化に対する恐怖は、体重が減少しても軽減することはない。また周囲の説得や論理的な説明を加えても容易に修正されないことが特徴である。また、極端な低体重を実現することが当人にとって達成すべき究極の目標であり、自身に対する評価のなかで重大な位置を占めている。

（3）ボディイメージの障害

　ボディイメージの障害は、やせや身体的異常を否定する言動や、頻回に体重をチェックしたり鏡に体を映したりする行動などによって現れる。低体重を認めても、体の特定の部分（下腹部や大腿、臀部、上腕など）が「太い」「脂肪がついた」と訴えることもある。

2．神経性過食症・過食性障害

　神経性過食症、過食性障害の診断基準にあげられている過食エピソードやパージング行動などの食行動の異常は、その頻度と期間が診断の基準として定められている。過食エピソードとパージング行動は少なくとも週1回以上、3ヵ月以上にわたって認められることが診断のために必要とされる。DSM では過食エピソードの頻度によって重症度を分類している。

第4節 病因および疫学

1．病　　因

　摂食障害には特定の原因があるというわけではなく、発症に関わる要因も多岐にわたり症例の個別性が強い。多くは身体的な脆弱性（生物学的要因）に心理社会的ストレスが関与しており、いわゆる心身症とする考え方があるが、患者がなんらかの「生きづらさ」を抱えており、その状況を変えたいという目的は共通していると考えられている。

　生物学的な要因としては、神経伝達物質や遺伝が関与しているという考え方や、第二次性徴に伴う身体面の変化（月経の発来、乳房の発達、陰毛、脂肪の沈着など）、もともとのやせ型（アスリートなど）、甲状腺機能亢進症 [1] などの内分泌疾患の関与が示唆される例がある。

　個人の心理的な特性として、負けず嫌い、きちんとしていないと気がすまない、潔癖、なんでも熱心（強迫心性）などの病前性格が知られている。また、身体面・心理面の変化へのとまどい、自立への葛藤やいつまでも子どもでいたいという思い（成熟拒否）が関連することも多い。自分の感情や欲求を抑えて親や他人のいうことをよく聞いて真面目にがんばるといった過剰適応も要因の

一つである。

社会的な要因としては学校での友人関係や家族関係がストレス状態を引き起こすことで発症につながる例や、文化的な背景としてやせ体型を称賛する社会的な風潮やそれに影響されたやせ願望、肥満の忌避、女性の社会進出、飽食の時代なども関係すると考えられている。このような社会で一生懸命に親の言うことを聞いて努力してきた子が欲求不満を抱え、思春期の身体面の変化にとまどい、家庭や学校でストレスを抱え、その状況をうまく言語化できずにささいなことをきっかけに食行動異常につながるという経過が定型的ともいえる。

2. 疫　　　学

欧米の報告では、生涯有病率として神経性やせ症は女性で 0.9%（男性 0.3%）、神経性過食症 0.9 〜 1.5%（男性 0.1 〜 0.5%）とされている。過食性障害は調査によるばらつきがあり、1.9 〜 3.5%（男性 0.3 〜 2.0 %）とされており、いずれも女性に多い。

日本では摂食障害全体で年間 25,000 人程度が病院を受診しているとされる。受診患者数は 1980 〜 90 年代に急増し、2000 年に入ってからは横ばいの傾向であるが、2020 年の新型コロナウイルス感染症のパンデミック下で急増しているとの報告もある。

第5節　治　　　療

摂食障害は身体的な合併症のみならず、自殺の危険性も高いため治療的には緊急度の高い疾患である。しかしながら特定の病因・原因不明で特異的な治療法があるわけではないので、症例の状況に応じた治療が行われるべきである。治療は大きく身体面からの治療と心理的（精神医学的）治療の 2 つの軸で行う。

1. 身体的治療

摂食障害の身体的治療は外来で行うことが基本であるが、身体的状況（極度の羸痩や電解質異常、心電図の異常など）によっては入院治療を考慮する。長期的な低栄養状態は臓器に不可逆的な変化をきたすことや、栄養障害が著しい場合

は心理的治療の効果が乏しいことも知られているため、身体的な介入を優先させる場合もある。ある程度強制力をもった身体的介入が必要になることもあるが、基本的には患者本人の治療の動機づけが重要であり、本人が積極的に治療に参加するためにもインフォームドコンセント⁽²⁾のプロセスは欠かせない。その上で、いったん経口摂取をあきらめ、経管栄養・中心静脈栄養などの処置がとられる場合もある。

2. 心理的治療

　英国の国立医療技術評価機構（NICE）は摂食障害の心理療法ガイドラインを作成している。それによると、心理療法として考慮されるべきは、認知的分析的療法、認知行動療法、対人関係療法、焦点つき力動的精神療法⁽³⁾、摂食障害に明確に焦点を当てた家族介入などである。摂食障害は身体的にも危機的な状況に陥る可能性があるため、身体的モニタリングを伴った心理療法が行われるべきである。また、児童思春期患者の治療には、兄弟姉妹を含め家族が参加すべきであり、家族の援助には、情報の共有、行動面のマネジメント、コミュニケーションを円滑にすることが含まれると記載されている。

　心理的治療においてまず重要なのは、患者との「治療関係」の構築である。摂食障害患者は一般に病識に乏しく、本人が希望していないにもかかわらず医療機関に連れてこられたという認識でいることが多い。治療には拒否的・非協力的で、治療者に対しては自己実現を妨げるものとして敵意を向けることすらある。

　治療関係の構築は信頼関係の構築ということである。基本は心理カウンセリングと同じ姿勢で、患者の話を傾聴し、受容的・共感的に接する。体重増加に対する恐怖や食事に対する不安についても、それらを否定したり説得したりせずに、患者が感じているものとしてそのまま受容することが必要である。その上で心理教育に導入する。

（1）心 理 教 育

　摂食障害治療における心理教育は患者に病識をもたせ、治療に対して前向きに取り組むようになることを目指して行われる。そのためには自分の身体的状況を理解し、摂食障害という病態に対する知識をもつことが必要である。心理

【QR5-1】
国立成育医療
研究センター

【QR5-2】
摂食障害全国基幹セ
ンター摂食障害情報
ポータルサイト

教育には「疾病教育」と「栄養教育」の側面がある。

疾病教育では、患者の現在の身体状況・検査結果を示し、摂食障害の一般的な説明を行う。その上で、現在の状態の評価を伝え、異常値や異常状態についても率直に説明する。さらに今後の見通し、異常を改善するための方法、治療の方向性を提案する。入院治療の場合は、退院の基準となる目標体重や、身体的状況によっては行動制限を行うことなども説明する。

疾病教育では、合併症の危険性についても説明する。慢性的な栄養障害に伴い、低身長や骨粗鬆症、無月経や無排卵から妊娠できなくなる可能性や、大脳皮質の萎縮などが合併症として知られている。また精神的には、うつ病や自殺の危険性が高まる可能性についても説明する。これらの説明が、治療の強要や患者に対する心理的な圧迫にならないよう配慮することも必要である。あくまで患者本人が積極的に治療に参加し、スタッフと協働し治療共同体として治療が行われるという認識をもつことが大切である。

栄養教育では、栄養の必要性・重要性、低栄養が身体に与える影響の説明を行う。また、患者の肥満恐怖や不安に寄り添いつつ「太らない」ための適切な食事内容・量や食事に対する希望も可能なかぎり尊重されることも保証する。また栄養相談が続けられることも伝える。

（2）家 族 支 援

摂食障害の治療においては家族も重要な支援の対象である。食事や体重をめぐり、患者と家族のあいだには緊張状態が持続しているため、その緩和が必要である。

家族は、摂食行動の異常を患者本人の性格や態度に起因するものととらえ、本人の自己責任としてしまう傾向がみられる。そのため、家族に対しても本人同様の疾病教育を行う。家族療法[4]的に疾病の「外在化」の技法が用いられることが多い。すなわち、現在の状態は、患者や家族に問題があるのではなく、すべては「摂食障害」という疾病によるものだという認識を共有し、摂食障害を患者・家族の外側において全員が協力してその問題を「退治」するという方法である。心理教育や家族の支援については、日本小児心身医学会に優れた資料が提示されているので参照されたい。

摂食障害の治療には、その他認知行動療法や支持的な精神（心理）療法も並

【QR5-3】
心理教育のハ
ンズアウト

【QR5-4】
摂食障害医療的ケア
のためのガイド（スク
リーニングテスト含む）

行して行われることが多い。ボディイメージの障害などの修正には認知行動療法が有効とされている。また、並存する強迫的な心性や抑うつ気分、精神運動性の興奮や焦燥に対しては薬物療法が行われる場合もある。

　末尾に、摂食障害に関する心理教育や医療的ケアなどに関する資料を紹介する【QR5-1 ～ 4】。

（塩川　宏郷）

【引用文献】

American Psychiatric Association. (2013). *Diagnostic and statistical manual of mental disorders* (5th ed.). American Psychiatric Association.（高橋三郎・大野裕（監訳）（2014）. 食行動障害および摂食障害群　DSM-5 精神疾患の診断・統計マニュアル（pp.353－347）医学書院）

吉内一浩・本村啓介・川嵜弘詔他（2021）. 食行動症または摂食症群　ICD-11「精神、行動、神経発達の疾患」分類と病名の解説シリーズ各論⑦　精神神経学雑誌, *123*（8）, 684－687.

【用語解説】

(1) **甲状腺機能亢進症**：甲状腺ホルモンの過剰による代謝亢進状態で、体重減少、発汗過多、頻脈、多動、眼球突出などがみられる内分泌疾患。

(2) **インフォームドコンセント（informed consent）**：医療従事者は、患者家族に対して医療を提供するに当たり、適切な説明を行い、理解を得られるように努める必要がある。

(3) **力動的精神療法**：主として精神分析の考え方に基づいた精神（心理）療法を指す。摂食障害の治療においては、幼少期における養育者との関係のあり方に注目する手法が用いられることが多い。力動的精神療法の解説は下記のサイトを参照のこと。https://psychologist.x0.com/terms/216.html#btm

(4) **家族療法**：家族を「家族システム」と見なし、そのなかで発生している家族メンバー間の相互作用に注目し介入を行う心理療法。下記サイトを参照のこと。https://psychologist.x0.com/terms/261.html

chapter
6 統合失調症

第1節 : 統合失調症とは

　日本での統合失調症の患者数は約80万人とされている。また、生涯のうちに統合失調症を発症する人は全体の人口の0.7%と考えられている（APA, 2013）。統合失調症の発生率は、国による違いがほとんどない。すなわち、世界中の人に共通する生物学的な要因が関係している。生物学的な要因のなかでも、とくに脳の機能が統合失調症に与える影響が大きい。とはいえ、統合失調症の発症は、地域や文化による違いもあり、社会・文化的な要因も無視することができない。

統合失調症の症状

　統合失調症に発症によって生じる障害は多様であり、精神障害の診断と統計マニュアル第5版(DSM-5)にて診断基準がまとめられている【QR6-1】。自分の気持ちや思考がまとまりづらくなってしまうことにより、現実認識能力や情緒的な反応、思考過程、判断能力や意思伝達能力などに障害が生じる。また、妄想や幻聴も現れる。このような症状の結果として、気分などの精神的側面や、行動、人間関係などの社会的側面にも重大な影響が出てくることになる。統合失調症の多くは比較的若いうちに発症するため、その後の生活への影響は測り知れない。丹野ら（2009）は、統合失調症による影響を「機能障害」、「生活障害」、「社会的不利」に分類した【QR6-2】。機能障害とは、統合失調症によってもたらされる症状を指す。これらのなかで、とくに機能障害の症状の発生には生物学的な要因が大きく影響し、心理・社会的な要因が症状の持続に影響する。

　統合失調症の発病初期にみられる症状は、前駆症状と呼ばれる。主観的には、抑うつ気分や思考力・記憶力の低下、頭痛や倦怠感、易疲労感、不眠などの症状であり、客観的には、口数が少なくなる、不活発になる、身のまわりのことに興味がなくなるといった症状となる。脅迫的な考えや行動が生じることも珍しくない。前駆症状は、うつ病や不安症と非常に類似しており、統合失調症であ

【QR6-1】
統合失調症の
診断基準

【QR6-2】
統合失調症の
もたらす影響

ると判断することが難しく、また、そもそも異常に気づかれないことも多い。

　前駆症状の期間が過ぎると、妄想が形成されるようになる。自分のまわりが不気味に思えて何かが起こりそうな、妄想気分と呼ばれる不安が生じる。その後、理論的にはまったく無意味なものや状況について、自分にとって意味があるように思えてしまう妄想知覚が生じる。さらに、妄想に基づいてすべての意味が明らかになったと感じられる妄想着想が生じる。このようにして生じる妄想は、大きく被害妄想と誇大妄想に分類される。被害妄想のなかには、「まわりの人々が自分を敵視しているように感じる」といった迫害妄想のほか、本来ならば自分に関係のない物事が関係あるように思えてしまう関係妄想、知らない人がじろじろと自分を見ているのではないかと思う注察妄想、誰かが後をつけていると感じる追跡妄想、自分は毒を飲まされているように感じる被毒妄想などが含まれる。誇大妄想には、実際には自分とは無関係なことがらを自分と関連づけて思い込んでしまう宗教的誇大妄想、発明妄想、血統妄想、恋愛妄想などがある。

　幻覚も統合失調症の中核をなす症状である。実際には存在しないものが存在するように知覚され、感覚モダリティ（五感に加え、運動／平衡／内部感覚などの様相）の違いに応じて、幻視、幻聴、幻嗅、幻触などに分類される。健常者においても山岳事故や海難事故などの極限状態時や、アルコールや医薬品等によって幻覚が生じることがある。一方で、統合失調症の場合には、幻聴がとくに重要な症状と考えられており、自分の考えだとわかっている内容が他者の声として聞こえてくる体験である「考想化声」というタイプの幻覚が生じる。ほかにも、自分に話しかけてきたり、自分の発話に対して応答する形での幻聴や、自分の行為に対して口出しする形での幻聴もみられる。

　本人にとって非常に恐ろしい体験となる症状は、自我障害である。自分の考えが他人に筒抜けになっていると感じられる「考想伝播」や、自分の思考や行動が誰かに操られているのではないかと思ってしまう「考想吹入」、他人が自分の思考を奪ってしまうように感じられる「考想奪取」などの体験が伴う。

　統合失調症には、思考形式の異常も特徴的にみられる。そのような異常は、まとめて「思路障害」と呼ばれる。話にまとまりがなくなる「連合弛緩」、さらに障害が深刻化した、何を言っているのかわからないレベルの「滅裂思考」、

自分自身にしか通用しない新しい言葉を使う「言語新作」があげられる。

　最後に、統合失調症の重大な特徴として、感情に関する障害が認められる。「嬉しい」、「悲しい」といった自然な感情が起こらなくなり感情が平板化する「感情鈍麻」、同一の対象に対して相反する感情（愛と憎しみ、好きと嫌いなど）が同時に存在してしまう「両価性」は、重要な症状として知られている。また、恐怖や関心が低下し、身のまわりのことに配慮しなくなる「自閉」傾向も認められる。

第2節　統合失調症の分類と経過

　統合失調症は、症状や経過、予後などから、主に3つに分類される【QR6-3】。妄想型は、30代前後で発症することが多いとされている。妄想や幻覚を主症状とし、感情鈍麻や自閉傾向などは目立たない。症状が進行していくと、過去や現在の出来事が妄想のなかに取り込まれ、1つのまとまった妄想の体系が作られる場合もある。解体型（破瓜型）は、10代後半から20代で発症することが多い。連合弛緩、感情障害、自閉、両価性が中心としてみられ、幻覚や妄想はそれほど顕著ではない。症状は直線的に進行したり、突然の悪化をくり返したりして、やがて自閉的生活に陥る。解体型は予後が悪く、人格が荒廃するまで病気が進行すると考えられていた。緊張型は、20歳前後に急激に発症し、精神運動興奮や昏迷を中心として、意欲や行動に関する異常を呈する。症状の悪化を反復する周期的な経過をたどるが、症状が消えている間は、ほぼ健康な状態に戻る。

　近年では、妄想型や解体型も、一度だけ症状が出現した後、約20%がほぼ正常な状態に戻ることが確認されている。また、60%以上が複数回の再発を経験するものの、やがて以前の状態まで回復するなど、統合失調症の予後は必ずしも悪いわけではない（Birchwood & Jackson, 2001）。そのため、原因に関する理論を適切に理解し、介入や治療を行うことが重要である。

第3節　統合失調症の原因に関する説明モデル

　次に、統合失調症の原因に関して現在までに明らかになってきていることに

ついて述べる。統合失調症の原因は、しばしば、生物学的要因から中心に説明されるが、心理学的要因および社会学的要因との相互作用も無視できない。

1．生物学的要因

統合失調症の生物学的要因として、主に２つの有力な仮説がある。１つは、脳の神経伝達物質であるドーパミン（ドパミンとも表記される）[1]の異常を原因とする説である。すなわち、ドーパミンの活動が過剰になり、神経細胞の興奮が伝わりやすくなった状態こそが統合失調症の幻覚や妄想などの中心的症状であるという説明である。統合失調症の中心的症状を改善させるには選択的にドーパミン系神経の活動を抑える薬物が有効であること、ドーパミン系を過剰に活動させる覚醒剤を乱用して中毒になると統合失調症と似た症状（幻覚や妄想）が出現することが、この説明の根拠となっている。ただし、幻覚や妄想に対しては説明できるものの、感情鈍麻や自閉傾向などを説明できない。感情鈍麻や自閉傾向は、特定の受容体が遮断されることによって生じるグルタミン酸伝達の阻害によって引き起こされるという仮説もあるものの、その詳細については推測の域を出ていない。

もう１つの統合失調症の生物学的説明としては、遺伝的要因からとらえるものが有名である。この説明では、統合失調症の遺伝的負因をスキゾタクシアと命名し、それが発達の過程で人格障害として現れたものを統合失調症型（スキゾタイプ）であるとする（Meehl, 1962）。統合失調症型の人が、強いライフイベントやストレスを経験すると、統合失調症に至ると考える。このような遺伝的負因から統合失調症をとらえる妥当性も確認されている。統合失調症の患者の兄弟と子どもの発症率が10％程度であり、一般の発症率より高くなる。また、1親等または2親等の方が、3親等以上よりも発症率が高いという報告もある（Birchwood & Jackson, 2001）。

2．心理学的要因

統合失調症の発症や持続の機能障害は、心理学的にも説明がなされてきた。心理学的な説明においては、統合失調症の症状（妄想、幻覚・幻聴など）をそれぞれ別に扱う症状別アプローチに基づいて研究されてきた。妄想の心理学的メカニ

ズムについては、いくつかの認知的特徴が説明されている。「投影的帰属バイアス」は、本来自分のものである感情や欲求を外界の対象に移し換えてしまうことである。典型的な被害妄想では、自分が攻撃的な感情をもっていることを認めたくない場合に、他人にそれを投影してその人が自分を攻撃しようとしていると考える。「自己標的バイアス」は、自分が他者から注目されていると認知しやすい傾向である。自己標的バイアスが高いと、周囲の人が笑っている時に自分が笑われているのではないかと考えてしまう。これは、被害妄想、関係妄想、注察妄想に関連しているのではないかと考えられている。「結論への飛躍バイアス」は、少ない情報のみから強い確信に至ってしまうという判断傾向を指す。これらの認知バイアス[2] が、妄想の構成において重要と考えられる。

　幻覚に関する心理学的メカニズムは、幻覚5因子論により幻覚を発生させやすい要因が説明される（Slade & Bentall, 1988）【QR6-4】。ストレスによって覚醒度が上昇しやすい傾向は、覚醒度の上昇により情報処理の効率性が妨げられることから現実と妄想を区別できる能力と関連する。幻覚を体験しやすい素因は、暗示にかかりやすいことである。感覚が遮断されると、環境刺激が減少し、幻覚が生じやすい。幻覚により不安が低減すると幻覚自体が強化因子となってしまう。人は「実在すると予期するもの」を見たり聞いたりしやすく、その予期には社会文化的影響が大きい。そのため、その地域で信仰されている宗教で重要視されているものが見えたり聞こえたりしやすい。

　幻聴の心理学的メカニズムに関しては、幻聴の認知行動モデルがあげられる（Chadwick & Birchwood, 1994）。統合失調症の患者が訴える苦痛は、幻聴自体ではなく、幻聴に対する認知によって決まる。すなわち、幻聴の内容がポジティブだろうとネガティブだろうと、悪意的に認知されるか善意的に認知されるかによって、幻聴によって生じる感情や行動が決まると考える。統合失調症の患者の約3分の1は、幻聴の内容と認知は一致しておらず、幻聴の内容と認知の結びつきは強くない。一方で、認知と感情および行動のあいだには強い結びつきがあり、幻聴を悪意的に解釈するとネガティブ感情と抵抗行動が生じる。幻聴の認知行動モデルに従えば、認知を修正することで幻聴によって生じる苦しみを軽減できるため、統合失調症における心理的介入の有効性を示唆している。

3. 社会学的要因

　社会学的要因としては、ライフイベントや対人関係のなかで生じるストレスが統合失調症の発症や再発と密接に関わっていると考えられている。また、家族生活のなかでの感情表出によるストレスと緊張も統合失調症の再発を強めることが確認された。具体的には、感情表出の多い家族と一緒に生活した方が感情表出の少ない家族と過ごした場合よりも、統合失調症の再発率が高いことが示されている（Leff & Vaughn, 1980）。

第4節　統合失調症の治療

　最後に、統合失調法の治療法について紹介する。上述したように、生物学的要因だけでなく、心理学的、社会学的要因によっても症状が出現するため、これらすべてを考慮した介入を行う必要があり、それぞれに即して薬物療法、心理療法、地域的介入が併用される。

　薬物療法としては、妄想や幻覚などの症状に対してドーパミンの活動を抑える薬が有効である。すなわち、過剰に活発化したドーパミン系神経の活動を抑えるために、ドーパミンを取り込みすぎないように作用する薬を用いる。ほかにも、前駆症状と関連して、うつ症状の調整に使用される薬に、選択的セロトニン再取り込み阻害薬（SSRI）があげられる。SSRI は脳内でセロトニンの再取り込みを阻害し、セロトニンの働きを増強させる。薬物療法は，症状の再発防止にも有効である。薬物療法の導入以降、統合失調症の治療は大きく進歩したといえる。心理療法としては、妄想や幻聴に対する認知行動療法 [3] が開発されている（Rollinson et al., 2007）。週1回1時間の20回（6ヵ月）を標準とし、患者に統合失調症を理解させ、対処法を身につけさせることを目的としている。介入は6段階に分けられている【QR6-5】。地域介入としては、ケース・マネジメントやソーシャルスキル・トレーニング、職業リハビリテーション、自助グループなどがあるが、近年では、家族介入法も注目されている。家族の感情表出が統合失調症の再発率を高めるという知見に基づき、家族の感情表出を減らしたり調整したりする方法である。統合失調症は、単一の要因からのみでは説明できないからこそ、これらの手法を併用した統合的アプローチがきわめて

重要である。

（新岡　陽光）

【引 用 文 献】

American Psychiatric Association (2013). *Diagnostic and statistical manual of mental disorders: DSM-5.*

Birchwood, M., & Jackson, C. (2001). *Schizophrenia.* Psychology Press. (バーチウッド，M.・ジャクソン，C. 丹野義彦・石塚琢磨（訳）(2006). 統合失調症——基礎から臨床への架け橋——　東京大学出版）

Chadwick, P., & Birchwood, M. (1994). The omnipotence of voices: A cognitive approach to auditory hallucinations. *The British Journal of Psychiatry, 164* (2), 190-201.

Leff, J., & Vaughn, C. (1980). The interaction of life events and relatives' expressed emotion in schizophrenia and depressive neurosis. *The British Journal of Psychiatry, 136* (2), 146-153.

Meehl, P. E. (1962). Schizotaxia, schizotypy, schizophrenia. *American psychologist, 17* (12), 827.

Rollinson, R., Haig, C., Warner, R., Garety, P., Kuipers, E., Freeman, D., ... & Fowler, D. (2007). The application of cognitive-behavioral therapy for psychosis in clinical and research settings. *Psychiatric Services, 58* (10), 1297-1302.

Slade, P. D., & Bentall, R. P. (1988). *Sensory deception: A scientific analysis of hallucination.* Johns Hopkins University Press.

丹野義彦・坂本真士・石垣琢磨 (2009). 臨床と性格の心理学　心理学入門コース 6　岩波書店

【用 語 解 説】

(1) **ドーパミン**：中枢神経系において、快感や多幸感、意欲を感じさせる機能に関与する神経伝達物質の一種。

(2) **認知のバイアス**：特定の情報をある基準に基づいて体系的に処理したり、選択したり、あるいは記憶したりする傾向のこと。

(3) **認知行動療法**：人の感情と行動がその人の世界の構造化のしかた（スキーマ）によって規定されているという考え方を前提としている。そして、出来事や対象に対するその人の考えやその人の与える意味、すなわち「認知」が感情や行動に影響すると仮定する。そして、「認知」を変容させることで、症状の低減をもたらすことを目指す。

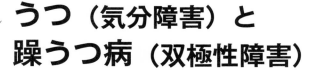

うつ（気分障害）と
躁うつ病（双極性障害）

第1節 気分とその障害

1. 気分とは

　ヒトは、見聞きしたこと、体験したことに対してさまざまな「感情」を抱く。「感情」とは認知された対象や表象に対して抱く主観的な印象を指す。「気分」とは日常的な生活の背景となる感情の状態である。感情と気分は日々体験することに影響され、「浮き沈み」のように常に変動している。気分は一般的に感情よりも長い周期で変動する。生活のなかで一定期間持続する感情を気分と呼ぶ。

2. 気分の障害とは

　気分は一定の幅をもって変動する。その両極にあるのが「うつ（depression）」と「躁（mania）」である。どちらも気分の状態像を示す語であり、個人の体験するエピソードとして観察される。気分の障害とは、これらの気分の状態エピソードが一定期間持続し、本人になんらかの適応上の問題が発生していることを指す。すなわちエピソードそのものが障害ではなく、エピソードによって生活になんらかの支障がある場合が気分障害に当たる。気分の質的な変容の評価・診断は主として感情表出の変化や行動面の変化によってとらえられる。これら観察可能な徴候を中心として疾患を定義する操作的な診断基準が精神医療の現場では使用されており、気分障害も操作的に定義することが一般的である。代表的な操作的基準に、米国精神医学会による Diagnostic Statistical Manual（DSM）と WHO による International Classification of Diseases（ICD）がある。双方とも数回の改訂を経て、現在 DSM は第5版（以下 DSM-5）、ICD は第11版（以下 ICD-11）が最新のものである。双方に気分の障害に関する項目が準備されており、抑うつエピソード、躁病エピソードの名称が用いられている。気分の障害の呼称はさまざまなもの（うつ病、うつ気分、抑うつ状態、躁病、躁状態など）がみられるが、気分は状態像であり「エピソード」として整理する

方が理解しやすい。後に詳述するが、抑うつエピソードを中心とする気分障害（抑うつ障害・抑うつ症）は頻度が高く一部では「こころのかぜ」ともいわれるほどポピュラーな状態である。一方躁病エピソードを含む気分障害（双極性障害・双極症）は非常にまれな病態である。

（1）うつ（抑うつ気分、抑うつエピソード）

うつ（depression）は、通常感じられる悲哀感 sadness とは区別される。抑うつ気分を特徴づけるのは sadness だけではなく空虚感 emptiness や抑制された感覚であり、うつはすべてにおいて低エネルギーの状態を意味している。気がめいる、落ち込む、元気が出ない、憂うつなどのほか、意欲の減退（やる気がない、何をやってもうまくいかない、何をやっても楽しくないなど）を含む状態である。

抑うつエピソードについては、DSM-5 と ICD-11 に若干のコンセプトの相違がみられる。それらを表 7-1 に示した。

表 7-1　抑うつエピソードのコンセプト

DSM-5	ICD-11
①抑うつ気分	・感情クラスター
②興味および喜びの喪失	①抑うつ気分（小児では易刺激性）
③食欲、体重の著しい変化	②興味・喜びの減退
④不眠または過眠	・認知行動クラスター
⑤精神運動性の焦燥、制止など活動性の変化	③集中力の低下
⑥疲労感・気力の減退・意欲の減退	④自己評価の低下
⑦無価値感・過剰で不適切な罪責感	⑤将来に対する希望のなさ
⑧思考力・集中力の減退、決断の困難	⑥死に対する反復思考・自殺企図・自殺念慮
⑨死についての反復的思考、自殺念慮・企図	・自律神経クラスター
	⑦睡眠障害
	⑧食欲低下（または増加）
	⑨精神運動性の焦燥・制止
	⑩エネルギーの低下・疲労感・著しい疲れ

どちらのコンセプトにも同様の症状・徴候があげられているが、ICD ではそれぞれの症状・徴候を感情クラスター、認知行動クラスター、自律神経クラスターに分けている。伝統的に、うつ病の診断には気分の障害と意欲の減退プラス自律神経失調症状[1] が 3 つの主要な症状として重視されていたが、ICD のクラスターはそれを整理した様式といえる。

抑うつエピソードは、ほとんど1日中・ほとんど毎日みられる抑うつ気分、もしくはほとんど1日中・ほとんど毎日みられる興味または喜びの減退・喪失のいずれか1つが必須とされている。抑うつ気分は、気持ちが落ち込む、悲しい、涙もろい、みじめな様子など、本人の言動や観察される行動によって示される。大切な人を亡くしたことによる悲嘆については、とくに症状出現が6ヵ月以内の場合は抑うつエピソードとは区別される。小児期・青年期の特徴として、ちょっとした刺激にも強く反応してしまう易刺激性や怒りっぽさ（易怒性）が抑うつ気分と同等の意味をもつ。

　興味・喜びの減退・喪失は、通常なら楽しいと感じるあるいはかつては楽しめたことに対する興味が減退することであるが、性欲の低下も含まれる。

　注意や集中が困難になり、考えがまとまらない、順序を追って物事を考えられない、決められない、考えが先に進まないという状態もみられる。

　自責感や自己評価の低下が著しく、その程度は了解ができないほど過大で不適切であり、妄想的な場合がある（世界のすべての不幸は自分のせいだ、など）。

　死について、あるいは死ぬことについてくり返し考えるようになり、自殺を企図することもある。自殺企図はたとえば遺書を書くことや、実際に用いる道具を準備する・下見するなどの具体的な行動や計画を伴わない場合も該当する。また、死に対する単なる恐怖や不安感とは異なる。

　うつ病が脳の神経伝達物質[2]が関連する生物学的な背景を有することの裏づけとして、身体症状とくに自律神経失調症状が抑うつエピソードに取り入れられている。不眠や食欲低下が一般的だが、眠りすぎる（過眠）や食欲の増加もみられ、体重も減少する場合と増加する場合とがある。エピソード前と比較して考える必要がある。また、イライラして落ち着かない様子が観察されることや、動作がゆっくり難儀そうに見えたり止まってしまったりという行動も自律神経系の症状としてあげられている。さらに著しい疲労感、ちょっと動いただけでも過剰な疲労を感じることやエネルギー・燃料が枯渇してしまったような状態になることもある。

　うつ状態では妄想がみられることもあるが、罪業妄想（取り返しのつかない罪を負っている）、貧困妄想（一文無しになってしまった）、心気妄想（自分はがんに違いない）のような微小妄想と呼ばれるタイプの内容のことが多い。

（2）躁病エピソード（躁状態）

　躁（mania）は、うつと対極にある気分の状態を指す。うつが悲哀や空虚感によって特徴づけられることに対し、躁は気分の高揚やエネルギーレベルが亢進した状態ととらえられる。表7-2に躁病エピソードの特徴を示した。躁病エピソードについてはDSMとICDにコンセプトの大きな違いはない。

表7-2　躁病エピソードのコンセプト

・中心となる特徴 　　気分の高揚、活力の亢進、多幸感、開放的、易怒的 ・随伴する徴候・症状 　　①　自尊心の肥大 　　②　睡眠欲求の減少 　　③　多弁 　　④　観念奔逸 　　⑤　注意散漫 　　⑥　目標指向性の活動増加、精神運動性の焦燥 　　⑦　困った結果になる可能性の高い快楽的活動に熱中

　躁病エピソードでは、気分が異常に高揚し、活力に満ち溢れ、開放的な気分を自覚する。活動性が亢進し疲れ知らずに動き回る。1日の大半が明らかにいつもと違う状態であり、ほぼ毎日1週間以上この状態が持続する。躁病エピソードは1週間以上持続することがその定義であるが、比較的短期間（4日以内）に収束する場合を軽躁エピソードと呼ぶ。

　躁病エピソード中は、自尊心が肥大し、自分は万能であり不可能なことはないというような誇大な考えをもつ。また、眠らなくても平気・3時間で疲れはとれるなど睡眠をとろうという気持ちが少なくなる。常にしゃべり続け、しゃべらずにはいられない切迫した状態（会話心迫）であり、必要以上に大声で会話のスピードも速い。観念奔逸とは、思考の流れの障害であり、次から次へと雑多な考えが頭のなかにあたかも泉が湧き出すように出現している状態を指す。一つ一つの考えが同じくらい重要であるが、秩序だてて考えることができずに、いくつもの考えが同時期にせめぎあっているような感覚を自覚する。注意を集中することが難しくなり、ちょっとしたことで気が散りすぐに別のものに注意が向かってしまう転動性が亢進する。

目標指向性の活動とは、ゴールを設定し短時間でその目標を達成しようと突っ走るような行動を指し、熟考せず目標達成のためには手段を選ばない行動が増える。社会的な活動のほか、学校生活や職場などでの行動あるいは性的な行動にあてはまる。一方で目標のない無目的な行動も増え、それらが何かをしないではいられない状態でイライラしたりそわそわしたりする精神運動性の焦燥感につながる。結果的に、周囲が困惑したり本人が収拾できないような事態に達したりしてしまう。分別をわきまえない買い物やギャンブル、性的な逸脱行動、投資などがその例である。

👥 第 2 節 ┊ 気分障害の診断と分類

　気分障害の診断は、上記の操作的診断基準によって行うことが多い。操作的診断基準は記載されている症状・徴候がどれだけ、どのくらいの期間存在するかという点と、その症状・徴候がその人の社会的な場面での行動や学習・職業上発揮すべきパフォーマンスにどの程度の影響を与えているか、適応上の問題が発生しているかという点で評価される。

　抑うつエピソードは、DSM では表 7-1 の 9 つの症状・徴候のうち「5 つ以上」（そのうち一つは①抑うつ気分か②興味・喜びの喪失のいずれか）が「2 週間」にわたって存在していることが診断の基準である。ICD も同様に、10 の症状・徴候のうち 5 つ以上（うち少なくとも一つは感情クラスター）が 2 週間以上という基準が用いられている。

　抑うつエピソードは、他の器質性疾患（脳腫瘍や膠原病など）や神経系に作用する薬物によっても引き起こされる場合があるため、それらによる場合は除外される（除外規定）。

　躁病エピソードも同様の操作的な基準で診断される。表 7-2 の「中心となる特徴」を必須とし、「随伴する徴候・症状」にあげられた 7 つのうち「3 つ以上」が「少なくとも 1 週間以上」存在することが基準である。症状はその人の社会的な機能に著しい障害を引き起こしており、自分自身や他人に害を及ぼす可能性があり、時には入院が必要なほど重篤であることも診断のための条件である。除外規定は薬物の乱用や他の器質性疾患によるものでないこと、とさ

れている。抗うつ薬や電気けいれん療法などの治療によって躁病エピソードが惹起される場合もあるために、判断は慎重にされる必要がある。

　気分障害の分類には、大きく「抑うつ障害」と「双極性障害」の2つのグループがある。下位分類にはDSMとICDで若干の差異がある（表7-3）。

表7-3　気分障害の下位分類

DSM-5	ICD-11
双極性障害群 　双極Ⅰ型障害 　双極Ⅱ型障害 　気分循環性障害 　物質・医薬品誘発性 　その他の医学的疾患による 　その他 　特定不能	双極症群 　双極症Ⅰ型 　双極症Ⅱ型 　気分循環症 　他の特定される双極症 　特定不能の双極症
抑うつ障害群 　重篤気分調節症 　うつ病／大うつ病性障害 　気分変調症 　月経前不快気分障害 　物質・医薬品誘発性 　他の医学的疾患による 　その他 　特定不能	抑うつ症群 　単一エピソードうつ病 　反復性うつ病 　気分変調症 　月経前不快気分症 　他の特定される抑うつ症 　特定不能の抑うつ症 　混合抑うつ不安症 　物質誘発性気分症群 　二次性気分症候群

　操作的診断基準は、疾病統計や研究も用途の一つであり、それぞれの下位分類には英数コードがつけられている。各疾患分類の概念や診断基準の詳細は成書または文献・資料を参照されたい。

　特殊な気分障害のタイプに「仮面うつ病」「仮性認知症」という概念がある。仮面うつ病とは「身体症状の仮面」をかぶったうつ病という意味で、執拗に身体の不調を訴えるタイプのうつ病を指す。身体症状は倦怠感、疲労感、全身のだるさ、頭痛、腰痛、下肢痛、肩こり、めまい、便秘など、臓器特異性に乏しい自律神経失調症状が中心である。抑うつ気分や精神運動の抑制は目立たないが、身体症状へのとらわれが強く、検査をくり返し受けたりドクターショッピングをしたりするなどの行動がみられる。中年期以降にみられることが多いた

め「退行期うつ病」という呼び名もある。

　仮性認知症とは、認知症にみられるような知的機能の低下や高次脳機能障害がみられるタイプのうつ病である。

第3節 病因および疫学

1. 病　　因

　気分障害は、うつ病、躁病ともに家族内集積が認められる。なんらかの遺伝的な素因の存在が考えられるが、単に生物学的な素因だけではなく、個人の気質や環境も発症要因とされている。すなわち生物学的な脆弱性と心理学的な脆弱性に加えストレスフルなライフイベント（家族の不和や虐待など）が関係しているととらえることができる。

　うつ病については、心理学的な脆弱性もしくはうつに親和性のある認知傾向が「認知のゆがみ」として知られている。これは治療で述べる認知行動療法につながる概念で、うつ病患者には独特の認知、すなわち物の見方・考え方に特徴的なゆがみ・偏りがあるとする考え方である。

　代表的な認知のゆがみはベック（Beck, A. T.）の3徴と呼ばれるもので、うつ病患者は「自分」「世界」「未来」に対してそれぞれ否定的な見方・考え方をする傾向にあるとされる。ここから派生し、認知行動療法で取り扱われる代表的なうつ病患者の認知のゆがみには「すべてか無か思考」「過度の一般化」「心のフィルター」「マイナス化思考」などがあげられている。

2. 疫　　学

　平成18（2006）年の厚生労働省報告では、ICD-10の診断基準を用いた場合、12ヵ月有病率は、うつ病が2.1%、いずれかの気分障害が2.5%とされている。また生涯有病率は、うつ病が6.6%、いずれかの気分障害が9.9%である。米国の国立精神保健研究所（NIMH）の研究（1993）では、気分障害（うつ病）の年間有病率は9.5%、全国併病率研究（NCS）では同疾病の年間有病率は11.3%（1994年）と報告されている。一方、躁病エピソードは12ヵ月有病率0.3%、生涯有病率は0.7%である。うつ病、躁病エピソードいずれも女性にやや多い傾向が

認められる。長期的には徐々に増加傾向にあるとされている。

🦢 第4節 治　　療

　気分障害の治療は、精神療法（心理療法）的アプローチと薬物療法が並行して行われることが多い。

1. うつ病の心理療法的アプローチ

　うつ病については、まず十分な休養をとらせることが重要である。励ましは逆効果であり「もっと頑張れ」と伝えることは禁忌とされている。エネルギーが枯渇した状態であることを考慮すれば、健全な意思決定は望めないため重大な決断は先延ばしさせる。また、自殺をしない約束をすることも重要である。自殺者の統計では自殺企図・既遂前に半数近くの例がうつ病と診断されている。真面目で一生懸命で律儀な人が多いため、約束を取りつけることで、自殺を思いとどまることができるようにする。「ゆっくり休む」「がんばらない」「急いでよくなろうとしない」「できることだけ細々と続ける」「低空飛行する」「できないことは先延ばしする」などと伝えることが大切である。

　外来診療では、心理教育的なアプローチも行われる。心理教育は、疾病について十分な知識をもつこと、病気のしくみと一般的な経過について理解することを目指して行われる。そのためには、うつ病であることをしっかり診断し告知することが重要な意味をもつ。その上で「必ず復活する」ので「つらい時期をうまく乗り越えること」が大切であること、ここまで生きながらえたことを称え、これからは一人でがんばる必要はないと伝えることが有用である。

　一般的な治療経過は「休息」から「社会復帰」に至るプロセスであり、回復可能であることをくり返し伝える。2〜3週を単位として症状の推移をみるように勧め、どの症状がよくなり、どの症状が残っているかを初めと比較する。外来診療の場面では控えめに生活史や家族関係を話題にすること、周囲の人に対しても心理的支持が必要であることを考慮し、なかなか治らないことを患者や家族のせいにしないことも重要である。

2．うつ病の認知行動療法

　認知行動療法は多くの精神疾患に有効とされる治療技法であるが、とくにうつ病についての知見が多い。上述の「認知のゆがみ」が存在し、そのゆがみが自動的にみずからの考え方を決定し（自動思考）、それによって抑うつ気分が形成されるというプロセスを想定することが基底となる考え方である。その上で自分の認知のゆがみに気づき、自動思考を修正することが治療の中心になる。具体的には、いやな気分になったことがらの記録をつけ、その認知プロセスを検証することから始める。たとえば「試験で70点しかとれなかった」時に「落ち込んだ」という場合、「すべてか無か」という認知プロセス（「100点でなければ0点と同じ→最悪だ」）がそこに存在すると考える。みずらの認知のゆがみに気づき、それを修正する努力をすること（「本当にそれは正しいことなのか？」と自問する、「あえて反対の考え方」を練習するなど）によって得られる気分の変化を効果としてフィードバックしていく。認知行動療法は患者本人の積極的な努力が求められるため、行うタイミングは病状を含めて検討されなければならない。

3．うつ病の入院治療

　外来治療で改善しない場合は入院治療の適応を考慮する。入院治療は、自殺企図・自殺のおそれが強い、環境から引き離さないと休養できない、うつ病性の妄想が強い、不適応期間が長い（仕事や学校を長く休んでいるなど）、家族が疲れ切っているなどの時に選択される。

4．うつ病の薬物療法

　抗うつ薬による治療が心理療法と並行して行われることが多い。抗うつ薬は、副作用として衝動性や攻撃性の亢進がみられ、とくに若年者では希死念慮の増悪や自殺企図、暴力行為がみられることがあるので注意が必要である。

　使用される薬物は、選択的セロトニン再取り込み阻害薬（SSRI）やセロトニン・ノルアドレナリン再取り込み阻害薬（SNRI）である。

5．双極性障害の治療

　双極性障害の治療は薬物療法が選択されることが多い。使用される薬物は、

炭酸リチウムや向精神薬であり、病初期から用いる。抑うつエピソードで発症する例が多いが、抗うつ薬で治療すると躁病エピソードに転じて行動面の問題が増悪することがあるので注意が必要である。

　心理療法的なアプローチ、とくに心理教育的なかかわりは患者本人だけでなく家族や周囲の支援者にも重要である。病識をもたせること、支持的なかかわりよりもある程度強制力をもったかかわりが必要になる。医療との緊密な連携が図られるべきである。

（塩川　宏郷）

【引用文献】

American Psychiatric Association.（2013）. *Diagnostic and statistical manual of mental disorders*（5th ed.）. American Psychiatric Association.（高橋三郎・大野裕（監訳）（2014）. 双極性障害および関連障害群　抑うつ障害群　DSM-5 精神疾患の診断・統計マニュアル（pp.123-186）医学書院）

本村啓介・川嵜弘詔・神庭重信（2021）. 気分症群、ICD-11「精神、行動、神経発達の疾患」分類と病名の解説シリーズ各論④　精神神経学雑誌, *123*（8）, 506-541.

【用語解説】

(1)　**自律神経失調症状**：自律神経とは運動神経・感覚神経とは異なる神経系で、主として生命活動に関連する機能を自律的に調整している神経である。血圧や脈拍数、睡眠覚醒リズム、呼吸数や体温などの調整を行う。自律神経失調症状には臓器特異性の乏しい身体症状で、「めまい」や「たちくらみ」「だるさ」「不眠」などがある。

(2)　**神経伝達物質**：神経細胞（ニューロン）同士が接続する部分をシナプスと呼ぶ。シナプスは電気的には絶縁されており、シナプスでのニューロン同士の情報のやりとりは化学物質（神経伝達物質）を通じて行われる。代表的な神経伝達物質にはドーパミン、アドレナリンなどがある。うつ病では神経伝達物質の一つであるセロトニンが症状と関連しているとされる。

Chapter
8 PTSD
──心的外傷後ストレス障害──

第1節　PTSDとトラウマ

　一般にトラウマ[1]とは、個人がネガティブと評価した出来事に遭遇した後に、その事象を考えたり、似た状況に遭遇したり、イメージしたりすると不快な感情が想起されることを指している。たとえば、仕事でミスをした後に、同じような仕事を任されると億劫になり躊躇してしまうなどである。本章で取り上げるトラウマは、一般に使用される意味とは異なり、長期間心身ともに疲弊するなど厳しい状態になる症状のことである。

1.　トラウマ（trauma）とは

　私たちは、日常生活を過ごすなかで、予期せぬ時にショックを受ける出来事に遭遇することがある。たとえば、地震などの自然災害、交通事故、身近な人が亡くなる、暴言や暴力を浴びせられるなど、身の危険を感じる出来事（トラウマ体験）である。このような出来事に遭遇した後に、トラウマ体験を忘れることができずに、不安や恐怖といったネガティブな感情が喚起されるとトラウマ（心の傷）となる（図8-1）。トラウマによって、引き起こされる症状（トラウマ反応）は、抑うつや不安などの心理反応のみならず、不眠や動悸などの身体症状や対人関係が悪化するといった社会的な影響などさまざまな症状がある。さらに、トラウマ反応には、個人差もみられ、症状が顕著な人、ほとんど発現しない人、日常生活に支障をきたす人などさまざまである。

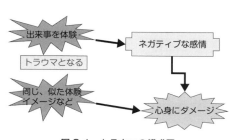

図 8-1　トラウマの模式図

2. PTSD（Post Traumatic Stress Disorder：心的外傷後ストレス障害）とは

　トラウマの代表的な症状の一つが、PTSD である。PTSD は、トラウマに該当する出来事が DSM-5 等により定義されており、遭遇すると多くの人がトラウマ反応を発症する。トラウマ反応は、多くの人で起こるため、異常な状況に対する適応的な反応ともいえる。トラウマ反応は、時間経過とともに改善するが、なかには 1 ヵ月以上症状が継続する場合もあり、PTSD と診断される。PTSD の発端は、ベトナム戦争の米国帰還兵に PTSD 症状がみられ、基礎研究や臨床研究が行われるようになった。本邦では、阪神淡路大震災 [2]、東日本大震災 [3]、熊本地震 [4] などの自然災害により国民の知るところとなった。PTSD 病変の生物学的メカニズムの一つに海馬 [5] の萎縮による影響が指摘されている。PTSD 患者と健常者を比較したところ、海馬の萎縮が認められている（Bremner et al., 1995）例もある。一方、PTSD 発症後も萎縮が認められないという報告もある（Bonne et al., 2001）。PTSD と海馬との因果関係が今後の研究で明らかにされるだろう。

3. ASD（Acute Stress Disorder：急性ストレス障害）とは

　ASD は、PTSD と診断される前の段階（トラウマ体験から 1 ヵ月未満）において、PTSD 症状を示した場合に診断される。ASD の特徴の一つとして、解離症状がみられる。解離症状とは、自身の感情や思考が停止してしまって、感情を表に出せなくなったり、体を思うように動かせなくなったりする状態のことである。ASD の段階で適切な対応を行うことで PTSD の発症を予防できる。

第 2 節　PTSD の症状（DSM-5 をもとに）

　PTSD の主たる診断基準には、DSM-5 と ICD-11 が用いられる。本節では、DSM-5 の基準を簡単に紹介する。

1. A 基準：外傷的な体験とは

　PTSD に該当するかどうかは、A 基準によって PTSD を引き起こす出来事であるかどうかで判断される。その出来事は、実際にまたは危うく死ぬ、重症

を負う、性的暴力を受ける、と示されている。具体的には、地震、豪雨、噴火などの自然災害、戦争やテロ、大規模事故や交通事故、性被害や犯罪、DV [(6)]や児童虐待 [(7)] などがあげられる。また、直接でなくても、親しい人物（家族など）が遭遇したことを見聞きした、災害現場で支援活動を行ったことなども該当する。

2. B基準：再体験（侵入）症状

図8-2　再体験症状

B基準からE基準はPTSD症状を示しており、前述した通り、いずれかの症状が1ヵ月以上続いた時にPTSDと診断される。

B基準は、再体験症状（図8-2）とも呼ばれており、トラウマ体験を想起したり、悪夢を見たりなど苦痛を伴う症状のことである。侵入的想起という特徴をもっており、トラウマ体験がきっかけなく生じるため、拒否できない、いつ想起されるのか予想できないなど自身でコントロールするのが難しいという特性をもっている。とくに解離性のフラッシュバックと呼ばれる症状は、トラウマ体験のみならず痛みや臭いなども再現するため、現実場面の認識が失われて、日常生活が困難な状況に陥る。

3. C基準：持続的回避

C基準は、回避症状と呼ばれており、トラウマ体験を思い出したり考えたりすることがつらいために、避けようとする症状のことである。回避する対象としては、関連する人物、事物、状況などがあげられる。たとえば、交通事故にあった場合に、事故現場を避けたり、車の運転をしなかったり、事故のニュースを聞かないようにするなどである。回避症状が継続すると、日常生活での行動範囲が狭まり、意欲や関心が失われることが知られている。

4. D基準：認知と気分の陰性の変化

D基準は、精神的麻痺・否定的認知症状と呼ばれ、記憶の重要な側面を想起

図8-3　周囲からの孤立

図8-4　覚醒亢進症状

できなくなる、自分自身や周囲について否定的な考えをもつようになる、幸福感や優しさなどのポジティブ感情を感じられなくなるなどの症状のことである。トラウマ体験によって感情や感覚が麻痺してしまうために、家族や友人などに対して怒りや恐怖などの不快な感情をもったり、心を許すことができなくなったりして孤独（図8-3）を感じやすい。非常につらいトラウマ体験の後には、悲しめない、怖くない、笑わないなどの感情が表出しない解離症状[8]もみられる。また将来に対して、希望をもつことができないなど否定的な認知も特徴である。

5．E 基準：覚醒度と反応性の著しい変化

　E 基準は、覚醒亢進症状（図8-4）と呼ばれ、神経過敏な状態に陥ってしまい、ささいなことに敏感に反応する、緊張状態が継続する、集中力が低下する、睡眠障害、過度な警戒心などの症状のことである。ちょっとした物音に敏感に反応するなど常に緊張状態が続いているため、心身を休めることができずに疲労困憊に至る。感情の起伏が激しいため、過剰な攻撃的言動、号泣、驚愕反応など周囲が驚くような感情表出がみられる。また、寝つきが悪い（入眠困難）、途中で目が覚める（中途覚醒）、眠れない（不眠）などの睡眠障害もみられる。

6．関 連 症 状

　DSM-5 の診断基準に含まれていないが、PTSD に伴って以下に示す症状が

発現することもある。

①生存したことへの罪責感（survivor's guilt）：犠牲者が出た事故等に遭遇して自身が生存した時に過度に責任を感じて自分を責めてしまう。自分だけ生き残ってしまい申し訳ないという考えにさいなまれる。

②自分の行動に対する罪責感：トラウマ体験に関して自身に落ち度や責任がまったくない場合でも「私が声をかけさえすれば助かっていた」、「私が一緒に遊ぼうとさそったから迷惑をかけた」などと悩んでしまう。その後、自己評価を著しく下げて、自身の否定につながる。

③悲嘆反応：身近な人を亡くした時など、ショックが大きすぎて事実を受け止めることができなくなる。そのため、現実感覚を失ってしまい、普段なら簡単にできることができなくなる、集中力が低下する、無気力状態に陥るなどの症状がみられる。

④身体症状：PTSD 症状が長期間続くことで、動悸、手指のふるえ、過呼吸、発汗、口渇、立ちくらみなどの身体症状がしばしばみられる。

7. スクリーニング検査

　PTSD の診断方法として、自記式質問紙や半構造化面接が用いられている。前者は、外傷後症状尺度（PTSS）、UCLA 心的外傷後ストレス障害インデックス、改訂版出来事インパクト尺度（IES-R）【QR8-1】などがある。後者は、精神疾患簡易構造化面接法（MINI）、DSM-5 のための構造化面接（SCID-5）、PTSD 臨床診断面接尺度（CAPS）などがある。代表的な IES-R と CAPS を紹介する。

(1) IES-R (Impact of Event Scale-Revised)

　自身が遭遇したトラウマ体験に関して、どの程度強く悩まされたかについて評価する質問紙である。侵入症状、回避症状および覚醒亢進症状の下位尺度、22 項目で構成され、「まったくなし〜非常にある」の 5 件法で回答する。

(2) CAPS (Clinician-Administered PTSD Scale)

　はじめに、トラウマ体験を具体的に話してもらって、基準 A に該当するか評価を行う。基準 A への該当が確認できたら、PTSD の 17 中核症状について、頻度（まったくなし〜毎日）と強度（まったくなし〜極度）を聞きとり評価する。面

接前1ヵ月間の現在症 [9] とトラウマ体験以後の1ヵ月間の生涯診断 [10] の2つの側面から評価を行える。DSM-5 に対応した CAPS の標準化作業が行われている。

第3節　PTSD の支援法

1. 心 理 教 育

PTSD の心理教育は、トラウマ体験とはどんな出来事なのか、PTSD 症状や関連症状等についての基礎的知識を知ってもらう目的で行う。とくに、自身の症状や反応が異常な状態ではなく、トラウマ体験によって引き起こされた正常な反応であることを強調して、安心感を得ることや、治療の進め方やその効果などを理解してもらうことが求められる。

2. 薬 物 療 法

PTSD 症状は、脳内神経伝達物質の過剰な亢進や抑制によって引き起こされる。薬物治療は、神経伝達物質の機能を正常な状態に戻すことで症状改善につながる。第一選択薬として、SSRI（選択的セロトニン再取り込み阻害薬）が用いられ、治療効果が認められている。

3. 心 理 療 法

薬物療法に加えて、公認心理師などによる心理療法（カウンセリング）も行われている（図8-5)。カウンセリングでは、心理面に焦点を当てて支援を行う。PTSD では、認知行動療法 [11]、エクスポージャー法 [12]、EMDR [13]、心理的デブリーフィング [14] などが有用とされている。

図 8-5　心理面接の様子

【QR8-2】
惨事ストレ
ス資料

👥 第4節 支援者のストレス

1. 惨事ストレス（critical incident stress）

　惨事ストレスとは、大規模災害やきわめて悲惨な災害において支援活動を行った消防隊員、自衛隊員、医療福祉等の従事者、ボランティア、ジャーナリスト等が、被災者と同様に心理的な衝撃を受け、睡眠障害や集中力の低下など、職務や家庭生活に影響を及ぼすストレス反応のことである。支援者に対する、心理教育やセルフチェックなどのメンタルヘルス対策が行われている【QR8-2】。

2. 二 次 受 傷

　PTSD 症状の治療等を行う支援者が、クライエントとの適切な距離や共感的態度を統制不能になった時に、不安、抑うつ、罪責感、無力感などのネガティブ感情に陥る状態のことである。支援者としてスーパーヴィジョンを受けるなどの支援する側の環境整備が必要である。

（矢島　潤平）

【引 用 文 献】

飛鳥井望（2008）．エビデンスに基づいた PTSD の治療法　精神神経学雑誌, *110* (3), 244-249.

飛鳥井望（2008）．PTSD の臨床研究——理論と実践——　金剛出版

Bonne, O., Brandes, D., Gilboa, A., et al. (2001). Longitudinal MRI study of hippocampal volume in trauma survivors with PTSD. *American Journal of psychiatry*, *158*, 1248-1251.

Bremner, J.D., Randall, P., Scott, T.M., et al. (1995). MRI-based measurement of hippocampal volume in patienets with combat-related posttraumatic stress disorder. *American Journal of Psychiatry*, *152*, 973-981

金吉晴（2012）．PTSD の概念と DSM-5 に向けて　精神神経学雑誌, *114* (9), 1031-1036.

外傷ストレス関連障害に関する研究会（2006）．心的トラウマの理解とケア　第2版　じほう

【用 語 解 説】

(1) トラウマ：個人にとってショックな出来事に遭遇した時に引き起こされる心の傷のこと。その出来事のことを何度も思い出す、体の疲れがとれないなどの症状を引き起こす。

(2) 阪神淡路大震災：1995 年1月17日に兵庫県を震源として発生した地震で各所に甚大

な被害を及ぼした。心のケアが注目されるきっかけとなった災害でもある。

(3) 東日本大震災：2011 年 3 月 11 日に三陸沖を震源として発生した巨大地震。津波も発生するなど東日本一帯に甚大な被害をもたらした。

(4) 熊本地震：2016 年 4 月 14・16 日に熊本と大分を震源として発生した地震。短期間に震度 7 を 2 回観測するなど、九州地区に被害をもたらした。

(5) 海馬：大脳辺縁系の一部であり、脳の記憶や空間学習能力を司る器官である。海馬が損傷すると新しいことが覚えられなくなる。

(6) DV：ドメスティックバイオレンス。配偶者や恋人など親密な関係にある者からふるわれる暴力のこと。女性が被害者になることが多い。DV 防止法の制定によって、暴力の防止と被害者の保護が図られている。

(7) 児童虐待：親権者が子どもに対して、不適切な養育をしたり、暴力などをふるうこと。身体的虐待、心理的虐待、性的虐待およびネグレクトに分類される。

(8) 解離症状：強いストレスを受けることによって、心と体が分離したような状態になってしまい、一時的に記憶の想起ができなかったり、体が動かなかったり、話すことができなかったりする症状のこと。

(9) 現在症：CAPS 実施時の PTSD 症状の頻度と強度を測定する。

(10) 生涯診断：過去に経験した PTSD 症状の頻度と強度を測定する。

(11) 認知行動療法：クライエントの認知（考え方）や行動を見直すことでバランスの良い考え方に変えて、ストレスを軽減する方法。さまざまな精神疾患の治療に用いられて、治療効果も多く報告されている。

(12) エクスポージャー法：安全が確保された面接場面で、トラウマ体験を思い出してもらい、徐々にその体験を受け入れることで克服するという治療法。PTSD の治療では持続エクスポージャー療法が用いられる。

(13) EMDR：眼球運動による脱感作と再処理法。認知行動療法と同様の手続きで行うが、面接中に目を左右に動かす眼球運動を行う技法のこと。

(14) 心理的デブリーフィング：トラウマ対処の心理教育を行うことなどによって、ストレス反応の悪化と PTSD 予防を目的としている。しかしながら、急性期段階で安易にトラウマ体験を吐露させるなどの行為は、症状を悪化させることにつながりかねないため、慎重に行うべきである。

chapter 9 パーソナリティ障害

第1節 パーソナリティ障害とは何か

　パーソナリティとは長期にわたって持続する個人の行動や認知、対人関係のパターンのことをいう。このパーソナリティが極端であったり、あるいは柔軟性を欠き、環境とのあいだで軋轢が生じて、本人、または周囲の人に心理的な苦痛をもたらす状態のことをパーソナリティ障害という。パーソナリティ障害にはさまざまな種類があり、その臨床像は大きく異なっている。DSM[1]（精神疾患の診断と統計マニュアル Diagnostic and Statistical Manual of Mental Disorders）では、これを3群（A、B、C群）の10個のタイプに分類している（表9-1参照）。

表9-1　パーソナリティ障害の3つの群（クラスター）と10個のタイプ

A群：奇妙で風変わりな様子を特徴とする。
妄想性：他人に対する不信感および猜疑心
シゾイド：他者に対する無関心
統合失調型：風変わりな思考および行動
B群：演技的、感情的、または移り気な様子を特徴とする。
反社会性：社会的無責任、他者の軽視、欺瞞、自分の利益のために他人を操る
境界性：孤独に対する耐性の低さおよび感情の調節不全
演技性：人から注目されたい、注意を惹きたい
自己愛[2]性：脆弱な自尊心を補償するための誇大性
C群：不安や恐れを抱いている様子を特徴とする。
回避性：拒絶に敏感なことによる対人接触の回避
依存性：他者に対する過度の依存、服従
強迫性：完璧主義、柔軟性のなさ、頑固さ

　パーソナリティ障害は、通常青年期後期から成人期初期に明らかになる。なんらかのパーソナリティ障害に該当する人は少なくなく、比較的よくみられる障害である。双生児研究によればその遺伝規定性は、おおよそ0.5程度であり、これはパーソナリティ障害が親の養育態度や虐待、人間関係によってひき起こされるという広くいきわたっている考えとは若干異なっている。しかし、もちろん環境要因もパーソナリティ障害の発症と維持には少なからぬ影響をもって

いる。

　ほとんどのパーソナリティ障害は、性別、社会経済的階層、人種によって明確な違いはない。しかし、反社会性パーソナリティ障害では、男性が女性より圧倒的に多く、境界性パーソナリティ障害では、女性が男性より多いという特徴がある。

　パーソナリティ障害の治療は、基本的に心理療法である。今までさまざまな心理療法が試されてきたが、現在では認知行動療法が有望であると考えられている。しかし、ほかの精神疾患にくらべ治療は一般に困難であり、長期間かかる。最終的には本人のパーソナリティ構造を適応的なものに改変していくことが必要だからである。そのため、治療の目的は投薬によって怒りや不安、うつなどをコントロールしつつ本人の主観的な苦痛を減らしていくことと、より適応的なパーソナリティを育てていくことに焦点が当てられる。

　本章では、A、B、C 各群のうち代表的なパーソナリティ障害に焦点を当ててもう少し詳しくみてみることにする。

第 2 節　妄想性パーソナリティ障害（A 群）

　妄想性パーソナリティ障害の人は、非常に自己防衛的であり、他人に対して常に敵対的であり、他者はみな自分に何か害を与えようと思っているか、または自分を裏切るだろうと考えている。猜疑心も強く、他人を信頼することができない。

　統合失調症においても被害妄想がみられることは少なくないが、妄想性パーソナリティ障害の場合、幻聴や陰性症状はあまりみられず、また、体系化された妄想（妄想構築）というよりはその場かぎりの敵意的な認知が中心である。ただし、現実的には統合失調症との鑑別診断は難かしい場合も少なくない。

　妄想性パーソナリティ障害は、自分のなかに生じている＜良い all good ＞感情と＜悪い all bad ＞感情が分離しており、＜良い＞感情はすべて自分に、＜悪い＞感情はすべて外部に投影されている状態であるとも考えることができる。妄想性パーソナリティ障害の基本には、二分化思考、つまり自己と他者を＜良い＞と＜悪い＞に分離して認知する傾向があり、これは、一種の分裂的防

衛機制（splitting）である。このような認知の偏りの修正には認知行動療法が有効であると考えられている。

表 9-2　妄想性パーソナリティ障害の診断基準

　妄想性パーソナリティ障害の診断を下すには、症状は成人期早期までに始まっている必要があり、以下の特徴の 4 つ以上が認められることが必要である。
①十分な理由なく、他者が自分を利用している、傷つけている、または裏切っていると疑っている。
②友人や同僚の信頼性について根拠のない疑いにとらわれている。
③自分の個人情報が自分を不利にするために使われると考え、他者に秘密を打ち明けたがらない。
④悪意のない言葉や出来事に、誹謗、敵意、または脅迫的意味が隠されていると誤解する。
⑤侮辱、中傷、または軽蔑されたと考える場合は、恨みを抱く。
⑥すぐに自分の性格や評判が批判されたと考え、性急に怒りをもって反応したり、反撃したりする。
⑦疑うべき十分な理由もなく、自分の配偶者またはパートナーが浮気をしているのではないかとくり返し疑う。

第3節　境界性パーソナリティ障害（B 群）

　境界性パーソナリティ障害は、対人関係の不安定性、過敏性、自己像の不安定性、極端な気分変動からなるパーソナリティ障害である。

　背景には、孤独や見捨てられることに対する極度の不安があり、これを避けるために死に物狂いの努力をする。また、少しでも自分が軽んじられているとか無視されているのではないかと感じると強い恐怖や怒りを感じる。たとえば、相手が電話に出なかったり、意見が異なったりしただけで衝動的な怒りや攻撃性を表出する場合がある。この怒りの表出はしばしばしつこく長時間に及ぶ。ただし、このような怒りの表出の直後には見捨てられ不安が顕在化し、罪悪感や羞恥心、自己嫌悪感に襲われる。一方で自分が守られている、相手が必ずそばにいると感じると、その相手に過度な愛情と依存を生じ、相手を理想化して認知する。いわば、過度な愛情と依存が過度な衝動性、攻撃性と同居するような状態である。

　衝動性はしばしば自己にも向けられ、自傷や薬物乱用、ギャンブル、危険な性行為、過食、危険な運転、浪費などを行う場合がある。これらの行為の一部は相手の気を惹くために行われるものであるがそのほかに自分の罪悪感を埋め合わせるために行われたり、自分の存在を確認するために行われる。

　境界性パーソナリティ障害の治療は、やはりパーソナリティ全体を適応的に

成長させることであるため時間がかかる。薬物療法はその場その場の不安やうつをコントロールするために用いられ、基本的には心理療法が使用される。とくに認知行動療法、そのなかでも弁証法的行動療法などが有効だと考えられている。

表 9-3　境界性パーソナリティ障害の診断基準

　境界性パーソナリティ障害の診断を下すには、症状は成人期早期までに始まっている必要があり、不安定な対人関係、自己像、感情（すなわち、感情の調節不全）、および顕著な衝動性の持続的なパターンが見られる必要性がある。具体的には、以下の特徴の５つ以上が認められることが必要である。
①見捨てられること（実際のものまたは想像上のもの）を避けるため必死で努力する。
②不安定で激しい人間関係をもち、相手の理想化と低評価とのあいだを揺れ動く。
③不安定な自己像または自己感覚をもつ。
④みずからに害を及ぼす可能性がある衝動的行動（例：安全ではない性行為、過食、向こう見ずな運転）を２種類以上行う。
⑤反復的な自殺行動、自殺演技、もしくは自殺の脅しまたは自傷行為。
⑥気分の急激な変化（通常は数時間しか続かず、数日以上続くことはまれ）。
⑦持続的に空虚感に支配されている。
⑧不適切な強い怒りまたは怒りのコントロール不全。
⑨ストレスにより引き起こされる一時的な妄想性思考または重度の解離症状。

第 4 節　回避性パーソナリティ障害（C 群）

　回避性パーソナリティ障害は、自分に対して強い不全感を抱いており、自分が拒絶されたり、批判されたり、嫌われたり、否定的に評価されることを過度に恐れて、他者との人間関係を回避する不適応状態である。また、他者の示す社会的なメッセージに敏感であり、ちょっとした出来事を自己への否定的な評価であるととらえてしまう。自己が否定的に評価されることを常に警戒しており、緊張が長時間持続する。結果的に孤立してしまっている場合が多い。

　海外の文献では、自尊心の低さのみに焦点が当てられている場合が多く、日本でもこのタイプは少なくないが、これ以外にわが国では過保護的な養育態度によって、家庭内での過度に高い自尊心と家の外での過度に低い自尊心の乖離が問題であると指摘されている。

　人との会話やスピーチなどに対する恐怖症である社交恐怖症と類似しておりしばしば重なっている。ただし、回避性パーソナリティ障害の方がより広い概念である。

【QR9-1】
英国王立精神医学協会
の日本語ホームページ

　回避性パーソナリティ障害に対する治療も、パーソナリティ全体を適応的に成長させていくことが必要なので、ある程度の時間がかかる。医師や臨床心理士との信頼関係を築き、安心して自己主張できる環境のなかでソーシャルスキルを身につけていく方法（たとえば、SST や自己主張訓練、ロールプレイなど）が有効である。抗不安薬や抗うつ薬もこれらのプロセスを補助するために用いられる。

表 9-4　回避性パーソナリティ障害の診断基準

　回避性パーソナリティ障害の診断を下すには、症状は成人期早期までに始まっている必要があり、また、社会的接触の回避、不全感、ならびに批判および拒絶に対する過敏さを示す持続的パターンが見られることが必要である。具体的には以下の特徴の 4 つ以上が認められることが必要である。
①自分が批判されたり、拒絶されたりすること、他者に好かれないことを恐れるため、対人的接触を伴う活動を回避する。
②自分が好かれることが確実ではない限り人と関わらない。
③冷笑または屈辱を恐れるため、親密な関係を築くことをためらう。
④社会的状況で批判されたり、拒絶されたりすることにとらわれている。
⑤不全感を感じているため、新しい社会的状況で抑制的な行動をとる。
⑥自分は、社会的に無能力で、魅力がなく、他者に劣っていると考えている。
⑦恥をかく可能性があるために、個人的リスクをとったり、新しい活動に参加したりしたがらない。

第 5 節　パーソナリティ障害概念の問題点

　パーソナリティ障害という概念は精神医学の領域のなかでも比較的新しい概念である。しかし、そもそも性格の偏りというものを精神医学的な診断カテゴリーとして治療の対象とすることについては、問題にされることも少なくない。また、パーソナリティ障害は 10 個に分けられているものの、それらは排他的な概念ではなく、重複することもありうることから、本当にこのような分類をすることが妥当なのかについても議論が多いところである。

　一方で、パーソナリティ障害の名称は一般の人のあいだでも他人のパーソナリティを表現するために使われることがよくある。「あの人は、〜障害だ」のような使用方法である。しかし、このようなレッテル貼りは、他人をステレオタイプ的に理解することや、偏見や差別を助長してしまうことにつながるのでするべきでない。

（越智　啓太）

【引 用 文 献】

American Psychiatric Association.（2013）. *Diagnostic and statistical manual of mental disorders* (5th ed.). American Psychiatric Association.（高橋三郎・大野裕（監訳）(2014). DSM-5 精神疾患の診断・統計マニュアル　医学書院）

【用 語 解 説】

(1) DSM（精神疾患の診断と統計マニュアル）：米国精神医学会によって作成された書籍で、精神疾患の分類と診断の基準についてまとめられている。何回か改訂が行われており、現在は 2013 年に出版された第 5 版が使用されている。

(2) 自己愛：自分は他人よりも優れていて特別な存在であり、他人から賞賛されるべきであると考える傾向のこと。現実の自己よりも高すぎる自己概念であることが多い。思春期には自己愛と自己否定のあいだを揺れ動くことが少なくない。

 ## コラム 2：解離性同一性障害

　解離性同一性障害（解離性同一症）は、以前は多重人格障害といわれていた精神障害で、心のなかに別個の人格が存在し、それが交代して現れるものである。ある時点ではひとりの人格が表に出ており、その人格としてまとまったパーソナリティや自伝的な記憶をもっているが、なんらかのきっかけでその人格は潜在化し、代わりに別のパーソナリティと自伝的記憶をもっている人格が表に出てくる。人格が交代した場合、体験やエピソード記憶は途絶え、それぞれの異なった人格に統合される。つまり、ある人格から見ると、別の人格に交代しているあいだの記憶はなく、経験はすっぽりと抜け落ちるかたちになる。しかし、その経験の抜け落ちについて、本人は気づかない、あるいは無頓着であることが多い。

　かなり以前はこの障害は、「二重人格」と呼ばれたことがあり、交代する人格は 2 種類であるというイメージが強かったが、症例が積み重ねられるに従って、2 種類の人格しか存在しないケースはむしろ稀であり、多くのケースではひとつの体に 2 つ以上の人格が存在していることの方が多いということが判明してきた。最大限、いくつの人格に分かれるかということについては明らかではないが、事例報告等では 20 個以上の人格に分かれているケースも報告されている（キース，2015）。分離する人格が多くなると、相互の記憶の断絶については不安定になり、ある特定の人格はほかの特定の人格のことを知っていたり、それぞれの人格を操るより上位の人格が形成されることがある。

　解離性同一性障害で生じる人格は多様であり、身体の年齢や性別と異なった人格が形成される場合も少なくない。つまり、成人女性が、男性や子どもなどの人格をもつ場合もある。また、それぞれの人格が異なった知的特性をもつケースもある。つまり、ある人格は理知的

で冷静であり、ある人格は無知で感情的であるということもありうる。

　解離性同一性障害の患者の多くが小児期に非常に大きなストレスや心理的な外傷を受けていることが知られている。そのなかでもとくに多いのが、親からの性的虐待である。そのため、この障害の起源には、このような持続する極度のストレス状態における子ども自身の防衛機制があるのではないかと考えられている。たとえば、実父からの度重なる性的虐待を受けているケースでは、普段の「優しい父親」のイメージと「性的虐待をする嫌な父親」のイメージを同一の表象として理解、維持することが困難であるために、自分自身の人格構造を分離し、「優しい父親に接している自分」と「嫌な父親に接している自分」を異なったものとして状況に対処するような防衛機制が生じてしまうというのである。そして、このような防衛機制が一般化してしまうと、その子どもはストレス状況に遭遇すると異なる人格を作り出すことでそれを乗り越えることが習慣化し、どんどん人格が分離していってしまうというのである。

　解離性同一性障害と類似の障害として心理性遁走が存在する。これはある時点でなんらかの理由でもとの人格と異なる人格が生じて、その時点から別の人格として生活するようになるものである。数ヵ月から十数年後になんらかのきっかけでもとの人格に突然戻ることがあるが、その場合、別人格のあいだの記憶は失われている。別人格のあいだに転居や結婚などをしている場合もある。

　解離性同一性障害は非常に興味深い症例であるためにしばしば文学や映画などで取り上げられる。そのなかでもっとも古典的なものはロバート・ルイス・スティーヴンソンの「ジキル博士とハイド氏」である（スティーヴンソン，2017）。ここでは、善良で紳士的なジキル博士と衝動的で悪意に満ちたハイド氏という二重人格が描かれている。また、多重人格の別の人格が殺人を行ったと主張して心神喪失を主張して無罪を勝ち取ろうとするストーリーや、自分の別人格が自分の関知しないところで殺人をしたのではないかと疑うストーリーなどさまざまなバリエーションが存在する。

　ただし、解離性同一性障害は一種の「医原病」であり、医師の誘導尋問と患者の被誘導性によって作られた見せかけの障害にすぎないという主張もあり、この障害の存在について、必ずしもすべての研究者、精神科医の共通した認識があるわけではない。

（越智　啓太）

【引 用 文 献】

キース，D. 堀内静子（訳）（2015）．24人のビリーミリガン　早川書房

スティーヴンソン，R. L. 田内志文（訳）（2017）．新訳　ジキル博士とハイド氏　角川書店

Chapter 10 依 存 症

第1節 そもそも依存症とは

「依存症」と聞いて、どのような印象をもたれるだろうか。「怖い」「犯罪者」といったイメージかもしれない。事実、医療関係者でさえ依存症者にネガティブな意見をもっている（太田・留田, 2018）。とくに、覚醒剤などの違法薬物については、「ダメ、ゼッタイ」の標語のもと、過剰な予防教育が行われており、本人の人格的な問題が原因と考える人も多い（Schomerus, Matschinger, & Angermeyer, 2006）。だが、上記の意見は、そもそも依存とは何かを知った上での意見であろうか？

表 10-1　精神疾患の診断・統計のマニュアル第5版におけるアルコール使用障害の診断基準 A

A.　アルコールの問題となる使用様式で、臨床的に意味のある障害や苦痛が生じ、以下のうち少なくとも2つが、12ヵ月以内に起こることにより示される。
　（1）アルコールを意図していたよりもしばしば大量に、または長期間にわたって使用する。
　（2）アルコールの使用を減量または制限することに対する、持続的な欲求または努力の不成功がある。
　（3）アルコールを得るために必要な活動、その使用、またはその作用から回復するのに多くの時間が費やされる。
　（4）渇望、つまりアルコール使用への強い欲求、または衝動。
　（5）アルコールの反復的な使用の結果、職場、学校、または家庭における重要な役割の責任を果たすことができなくなる。
　（6）アルコールの作用により、持続的、または反復的に社会的、対人的問題が起こり、悪化しているにもかかわらず、その使用を続ける。
　（7）アルコールの使用のために、重要な社会的、職業的、または娯楽的活動を放棄、または縮小している。
　（8）身体的に危険な状況においてもアルコールの使用を反復する。
　（9）身体的または精神的問題が、持続的または反復的に起こり、悪化しているらしいと知っているにもかかわらず、アルコールの使用を続ける。
　（10）耐性、以下のいずれかによって定義されるもの：
　　　（a）中毒または期待する効果に達するために、著しく増大した量のアルコールが必要
　　　（b）同じ量のアルコールを持続使用で効果が著しく減弱
　（11）離脱、以下のいずれかによって明らかとなるもの：
　　　（a）特徴的なアルコール離脱症候群がある。
　　　（b）離脱症状を軽減または回避するために、アルコール（またはベンゾジアゼピンのような密接に関連した物質）を摂種する。

依存とは簡単に説明すると、「わかっちゃいるけど、やめられない」である。医学的な定義の例として、アルコール依存を紹介する（表10-1）。平易に説明すると、飲みすぎてしまい、飲酒を減らすことが難しく、飲酒のためにできないこと（たとえば、運転など）があり、生活に支障が出ており、わかっているにもかかわらず止められない、といったものである。少し詳しく言うと、今は「嗜癖[(1)]（アディクション）」と言う。もともとは生物学的な研究が中心であったが、パチンコなどのギャンブル依存では従来の動物研究では説明が難しい。そこで、依存対象を非薬物に拡大した際に、アディクションと呼ぶようになった。そして、依存的な行動を嗜癖行動と呼ぶ。ただし、表現している現象は変わらないので、頭のなかで「依存＝嗜癖＝アディクション」と読み替えていただきたい。以降では、3種類の依存【QR10-1】に分けて紹介する。医学的な定義ではなく臨床現場から出てきたアイディアだが、理解しやすい分け方である。

第2節　物　質　依　存

　物質依存とは、なんらかの物質を摂取することによるアディクションである。例として、アルコール、たばこ（ニコチン）、薬物（覚醒剤、大麻、危険ドラッグ[(2)]など）があげられる。物質の薬理作用により、嗜癖行動が強化されるというものである。依存の研究は、動物実験をもとに行われた歴史がある。そのため、物質依存は依存症のなかでも中心的な研究対象である。

　もっと身近な物質依存も多くある。たとえば、コーヒー（カフェイン）である。カフェインは渇望（クレイビング）【QR10-2】を生起させる。渇望とは、どうしても嗜癖行動をしたくてしょうがない衝動と考えていただきたい。真夏の日中に運動をすると、水が飲みたくなる。その気持ちの非常に強いもの、である。カフェインは、そのような渇望を生起させるため、アディクションの対象になる。カフェインの含有量が多い飲料として、エナジードリンクがあり、とくに若年層におけるアディクションが海外では問題視され始めている（Costa, Hayley, & Miller, 2014）。

　また、日本ではアルコールの問題が懸念されている。多量飲酒は身体疾患等のリスクを高める。推計では、日本にはアルコール依存に該当する人が100万

人以上いるのだが (尾崎, 2014)、受診しているのは 5 万人程度である。2014 年にはアルコール健康障害対策基本法という法律が施行され、飲酒問題を減らすための取り組みも行われている。ビールの CM で喉元の「ごくっごくっ」という動きを映さないようになったのも、この法律と関係している。物質依存は身体的な影響が強いため、心身の安全を確保した上で、ゆっくりと治療・支援を進めることが重要である。

第 3 節 プロセス依存

　プロセス依存とは、特定の行為に依存することである。行動嗜癖とも呼ばれる。代表的なものが、ギャンブルである。ギャンブルは米国精神医学会が作成した精神疾患の診断と統計マニュアルの第 5 版 (DSM-5) で、精神疾患として認められた。日本は諸外国と異なり、パチンコが広く認知されていることから、いわゆるパチンコ依存[3] で困っている人が多い。また、世界保健機関が発行している国際疾患分類の ICD-11[4] では、ゲーム障害が分類に含まれた。近年、若年層のゲームや SNS の利用【QR10-3】は睡眠リズムに影響してしまい、学校生活や学業に影響するという報告も増えている (e.g. 北田, 2019)。

　プロセス依存も、身近な問題である。たとえば、買い物もアディクションとなる。依存症当事者の集まりとして、デターズ・アノニマス (DA) という自助グループ[5]【QR10-4】があり、これは強迫的な買い物の当事者の自助グループである。また、リストカットといった自傷行為[6] もプロセス依存である。運動の場合はエクササイズ依存と呼ばれ、ランニングであれば天候不良で走れないとなった場合に、クレイビングが生起する。収集癖はホーディング (ためこみ症)、指の逆剥けを剥がしてしまうことはスキンピッキング (皮膚むしり症) と呼ばれ、医学的には強迫症[7] に該当するが、アディクションの文脈でも考えることができる。窃盗もクレプトマニアと呼ばれるアディクションであり、性交渉もアディクションになりうる。ワーカホリックもプロセス依存と考えると、理解しやすい。つまり、平易な言葉で表現するなら、スマホも、買い物も、ゲームも、仕事も、運動も、趣味も、犯罪 (窃盗) も、愛しあうこと (セックス) も、度が過ぎるとアディクションである、と言えるのである。

第4節　関係依存

　関係依存とは、人間関係のアディクションである。代表的なものは、共依存である。共依存【QR10-5】は、もともとは家族が、依存症当事者に依存している状態から生まれた概念である。たとえば、アルコール依存の夫がおり、酔っぱらった夫を妻が過度に世話するといった関係が共依存であり、結果として依存症当事者の嗜癖行動は悪化する。つまり、問題解決をしようとして、かえって問題を悪化させる関係、これが共依存である。このような、人間関係（もしくは人間）に対するアディクションを関係依存という。ほかに、恋愛関係や親子関係などが該当する。

　関係依存は、ほかの2つの依存と比べてわかりにくく、嫌悪的反応を抱かせやすい。恋人に依存している人物に「それはアディクションだから離れなさい」と言ったとしても、反発されるだろう。そして、「相手のためにしている」という大義名分を掲げやすい。過保護な親は子どもの将来のために、恋愛であれば相手のために、という具合である。そのため、非常に介入が難しい。

　なお、共依存は医療者・対人援助職や教育関係者も注意が必要である。問題を解決しようとしてかえって悪化させてしまう行動を、イネブリング（enabling）【QR10-6】と呼ぶ。対人援助職の場合、相手のためにという大義名分のもと、過度に関わってしまうことがある。そして、イネブリングは相手の回復や自立を妨げてしまうため、厳に慎むべきなのである。しかし、指摘をすると（非常に強く）反発されるので、指摘する側も神経を使うことになる。

第5節　支援と理解のために

　以上のように、依存、アディクション、嗜癖行動は、われわれの生活のなかに潜んでいる。というよりも、われわれの生活はアディクションまみれである。最後に2つ、重要な考え方をご紹介したい。

　まず、依存症の人をなんとか支援したいと思う場合は、動機づけ面接[(8)]という技法を調べてほしい。これは、コミュニケーションのスキルである。詳細は成書を参考にしてほしいが、要点を述べると、責めないで、適応的な発言や行

【QR10-7】
正したい反射

【QR10-8】
ハームリダク
ション

【QR10-9】
支援が必要な
理由1、2

動に注目する、ということである。反射的に相手の言動を正そうとする発言を、正したい反射【QR10-7】と呼ぶ。喫煙者に「臭い」、恋人から手をあげられた人に「すぐ別れなさい」と言いたくなるのは正したい反射である。そして正したい反射は、イネブリングとなりやすい。正したい反射をぐっと我慢して、代わりに適応的な行動（試験の前日はゲームをせずに早く寝るなど）に注目する。大切なのは、責めずに関わり続けることである。なお、生活や生命に明らかに危険がある場合は、最寄りの精神保健福祉センター[9]に連絡するとよい。各地域の依存症の対応機関を把握しているので、専門機関についての情報を得られるだろう。

　もう1つは、ハームリダクション【QR10-8】である。ハームリダクションとは害（harm）を最小化（reduction）するということである。アディクションをやめるかやめないか（往々にして「アディクションを止めるか、人間を辞めるか」とまで言われていた）という二分法ではなく、止められないならせめて害を最小化しよう、という考えである。たとえば、飲酒を止めること（断酒）ができないなら、身体への害を減らすように（節酒）しよう、というものである。一見すると甘いように映るが、非常に合理的である。この方が、早期に専門機関につながりやすく、身体的・社会的・経済的な被害が少ない。

　依存は誤解の多い問題である。しかし、身近な問題であり、決して性格のせいではない。大切なのは罰や非難ではなく、適切な知識と理解である【QR10-9】。行動の制限や罰によるコントロールは、裏目に出やすい。細く長く支援を続ける必要性があり、何度も再使用しながら徐々に回復していくことを忘れないでいただきたい。依存行為を責めるのではなく、そうせざるをえない人を助けていただきたい。依存は人を孤独にする病と言われている。それゆえ、非難は悪化しかもたらさない。だから、細々でも見捨てないことが必要なのである。アディクションの対義語はコネクション（つながり）なのだから。依存症者を非難するならば、自分が1つも嗜癖行動をしていないかふり返ってみてほしい。一度も嗜癖行動をしたことがない人間など、存在しないのである。

（岩野　卓）

【引 用 文 献】

Costa, B. M., Hayley, A., & Miller, P. (2014). Young adolescents' perceptions, patterns, and contexts of energy drink use: A focus group study. *Appetite, 80*(1), 183-189.

北田雅子（2019）．大学生のインターネット利用と依存傾向について　札幌学院大学総合研究所紀要, *6*, 7-16.

太田順一郎・留田範子（2018）．医療機関を受診する患者の飲酒に対する内科医・外科医の意識調査　日本アルコール関連問題学会雑誌, *20*(2), 45-50.

尾崎米厚（2014）．平成25年度分担研究報告　我が国の成人の飲酒行動に関する全国調査2013年――2003年, 2008年との比較――　WHO世界戦略を踏まえたアルコールの有害使用対策に関する総合的研究, 19-28.

Schomerus, G., Matschinger, H., & Angermeyer, M, C.（2006）. Alcoholism: Illness beliefs and resource allocation preferences of the public. *Drug and Alcohol Dependence, 82*(3), 204-210.

【用 語 解 説】

(1) **嗜癖行動**：アディクションを行う行動を指す。ギャンブルすること、酒を飲むこと、薬物を注射すること、などの行動を指す。

(2) **危険ドラッグ**：1990年代から広まった、化学構造を法律で規制されないようにして売買された薬物。脱法ドラッグなどの呼称もされた。2014年以降の法改正によって、違法薬物と化学構造が類似の場合は、網羅的に規制ができるようになり、流通が激減した。

(3) **パチンコ依存**：正確にはギャンブル依存に分類される。パチンコは日本を中心とする文化であり、欧州や米国ではほぼ見られない。パチンコ利用に対するハードルは低く、日本のギャンブル依存症者のなかでパチンコ依存の方は多数を占める。

(4) **ICD-11 (International classification of diseases 11th revision)**：世界保健機関（WHO）が作成している国際疾患分類であり、2021年現在は第10版が刊行されている。第11版（ICD-11）は2022年に刊行され、この版からゲーム依存が疾患単位に含まれるようになった。

(5) **自助グループ**：回復を目指すための依存症当事者の集まり。アルコール依存では断酒会とAA（Alcoholic Anonymous）が有名。アノニマスは、匿名という意味である。当事者が定期的に集まり、12ステップという考え方のもとに話しあう。薬物、ギャンブル、買い物などでも自助グループがあり、家族・関係者のグループもある。

(6) **自傷行為**：自分の心身を故意に傷つける行為。リストカット、根性焼き、抜毛が代表的である。必ずしも自殺することを意図していない。広義には、過量飲酒、過量服薬、不特定多数との性交渉といった行動も含めて考えることが可能で、「故意に自分の健康を害する」症候群と考える意見もある。

(7) **強迫症（強迫性障害）**：強迫観念と強迫行為によって構成される精神疾患。一般に潔癖症や確認癖と呼ばれる現象に近い。臨床的には、アディクションの文脈で語られることも少なくない。

(8) **動機づけ面接（Motivational Interviewing）**：ウィリアム・ミラー（William R. Miller）に

よって体系化された面接技法。言語的な技法を使いながら、相手の動機づけを引き出すことを目的としている。

(9) **精神保健福祉センター**：精神保健福祉法に基づいて都道府県に設置が定められている相談機関。依存症に関する啓発活動や調査などを行っており、近隣の相談先についての情報が多い。

🌱 コラム3：恋愛とアディクション

恋愛がアディクションだと聞くと、ぎょっとする方もいるだろう。しかし、関係依存の1つとして、恋愛関係は出てくるのである。そして、恋愛はアディクションの言葉で説明することができる。相手に会えなければ苦しい（渇望）、もっと会いたくなる（耐性の獲得）、予想していたより長く会っている（コントロール障害）、離れるとつらいのですぐ会おうとする（離脱症状）、相手のことばかり考えている（嗜癖行動中心の生活）、といったように、恋愛をアディクションの言葉で説明すると非常に論理的な解説ができる。診断基準に合わせて述べるのであれば、「少なくとも2つ以上の症状が、12ヵ月以内に起こること」も含められるだろう。

一緒にいられないとつらい、触れられないとつらい、認めてくれないとつらい、相手に愛されないとつらい、というのは、ラブソングによく出てくる常套句であろう。歌手の宇多田ヒカル氏のヒット曲に Addicted To You という曲がある（読者のなかには知らない方もいるだろうが、著者の世代では記憶に新しくさえある）。このタイトルは意訳すると「あなたに病みつき」といった内容だが、Addicted を名詞にするとアディクション（Addiction）である。恋しい気持ちはアディクションと言えなくもない。

そもそも、恋愛が魅力的に見える要素は、強い感情的な動き（クレイビング）であろう。感情の動きは、人間にとって魅力的に評価されるように思われる。時間がある時に、最近のヒットソングをトップ10曲ほど調べていただきたい。高確率でラブソングが入っているであろう（著者が調べたタイミングでは確実に入っていた）。恋愛ドラマやラブソングは「素敵」と評価されるが、一度冷静に考えていただきたい。それは、アディクションの一種である。アディクションを醜悪なものだとするならば、恋愛も醜悪なものだということであるが、この論理は誤りであろうか。アディクションは人間の本性のようにさえ見える。そう考えると、何にも依存しないというのは、人間らしさからの脱却というか、解脱して悟りを開きでもしなければ到達できないのかもしれない。

（岩野　卓）

hapter 11　発達障害

第1節　発達障害

　発達障害とは、「発達障害（自閉症、アスペルガー症候群その他の広汎性発達障害、学習障害、注意欠陥多動性障害などの脳機能の障害で、通常低年齢において発現する障害）がある者であって、発達障害及び社会的障壁により日常生活または社会生活に制限を受けるもの」である（発達障害者支援法[1]、2016）。精神医学領域の診断において用いられている DSM-5（American Psychiatric Association, 2013）によると、発達障害は、「神経発達症」という分類に含まれている。ここでは、後者の名称を使用する。発達障害は、複数の障害を合併する場合が少なくなく、共通した特徴も多い。

第2節　発達障害の特徴と支援

1. 自閉スペクトラム症（自閉症スペクトラム）（Autism Spectrum Disorder：ASD）

　DSM-5 によると、自閉スペクトラム症の診断基準は、①社会的コミュニケーション及び対人的相互作用における著しい問題、②反復的、限定的な行動、興味または活動である。発症率は、1.85％とされている。発達障害者支援法で用いられている診断名は、DSM-Ⅳ（1994）に基づく（表11−1）。

　社会的コミュニケーション及び対人的相互作用の問題として、アイコンタクトの少なさ、相互作用の困難さ、他者との感情・情報共有の困難さ、他者の感情や思考の読み取りや予測の困難さが目立つ。ごっこ遊び等の想像上の遊びが困難である。一人でいることを好み、集団参加への動機づけが低い。言語にお

表 11−1　DSM-Ⅳにおける広汎性発達障害の分類（一部抜粋）

広汎性発達障害（Pervasive Developmental Disorder）
・**自閉性障害**：①対人的相互作用の質的な障害、②意思伝達の質的な障害、③興味活動の限局
・**アスペルガー障害**：自閉症障害の特徴のうち②の記載がなく、知的な遅れがないもの
・**その他分類不能の広汎性発達障害（PDD-NOS）**：自閉性障害の特徴を持ちつつ、上記2つの診断基準を満たさないもの

ける問題も多く、無発語の場合もある。言葉の遅れ、字義通りの解釈、文脈からの意図推測の困難さ、社会的文脈に適さない言語使用、エコラリア（いわれたことをすぐに反復する）等が認められる。

反復的、限定的な行動、興味または活動に関わる特徴としては、想像力に著しい問題があるため、スケジュール等の変化を極端に嫌い、同一性を保持しようとする傾向が強い。知識が豊富だが、ほかのことがらは関心を示さないといった、きわめて限定的な興味を示す。同じ道順にこだわる、白い物しか食べないといった、儀式的行動も多い。感覚刺激に対する過敏さ（例、手が汚れるとパニックになる）や鈍感さ（痛みを感じにくい等）をもつ場合もある。

ほかにも、他者と注意を共有する「共同注意」[(2)] の遅れ、他者の感情や考えを理解する「心の理論」[(3)] の困難さ、情報の全体像を把握する中枢性統合能力の弱さ[(4)]、みずからの活動（動機づけ、注意、思考等）を抑制する「実行機能」[(5)] の弱さがあげられる。

多くの自閉スペクトラム症児は、視覚的情報処理を得意とするため、支援に際しては、情報の視覚化が有効である。一方、全体をとらえることが困難（注意の過剰選択性）であるため、提示する情報量は最小限にする。聴覚処理、言語理解が困難なことが多いため、言語指示は「短文、肯定文、具体的」が原則である（例、「ちゃんとしてね」ではなく、「座ります」）。自閉スペクトラム症児の特徴である興味のあることへの集中力の高さ、一人で遊べるスキルの高さ、ルール遵守の志向性の高さは、見方を変えれば、彼らの「強み」と考えることができる。

2. 注意欠如・多動症／注意欠如・多動性障害 (Attention-Deficit / Hyperactivity Disorder：ADHD)

発症率は５％程度であり、限局性学習症との合併は 30 〜 40% である。神経伝達物質のドパミンやノルアドレナリンの不足が１つの原因とされている。劣悪な育児環境により、同様の症状を示すようになることもある。表 11-2 に、ADHD の特徴を示した。

不注意優勢型、多動性・衝動性優勢型と、混合タイプがある。実行機能のうち、注意機能に著しい問題がある。注意機能の問題として、①不必要な情報を排除し、必要な情報に対して注意を向ける「選択的注意」、②複数の対象に注

A　(1) 不注意、(2) 多動性および衝動性の諸症状が少なくとも6か月持続し、問題となっている。
B　12歳前から、いくつかの症状が生起している。
C　2つ以上の状況で問題がある（特定の場面ではない）
D　社会的学業的職業的に影響がある

<不注意>	・職業、学業、遊び等での注意持続困難	・不注意でやり遂げられない
	・活動の順序だてや整理整頓が困難	・精神的努力を要する課題の回避
	・忘れ物、紛失が多い	・気が散りやすい、忘れっぽい
<多動性及び衝動性>	・静かに遊べない	・離席が多い　　・多弁
	・不適切な状況で走り回る、高い所へ上る	・他人の活動への干渉
	・手足をそわそわしたりもじもじしたりする	・会話の順番を守れず、さえぎる

意を向ける「配分的注意」、③注意を維持する「持続的注意」、④注意対象を切り替える「転換的注意」がある。実行機能のうち、一度に2つのことを行う際に必要な記憶能力である「ワーキングメモリ」の問題があり、聞きながら書くといった2つの行為を同時進行させることは困難である。

　不注意、多動性・衝動性は、周囲の大人からの過度な叱責等、不適切なかかわりを生じさせることが非常に多い。過度な叱責は、子ども自身の自尊心低下につながり、二次障害（自傷、不登校等）を引き起こすケースも少なくない。

　幼少期は、不注意、多動性・衝動性が目立ち、言葉や概念形成における遅れも認められる。学童期には、感情統制の困難さや他児とのトラブルが多い。不注意や衝動性により学習の構えができないため、学習困難を示す子どももいる。学童期後半から、多動性・衝動性は徐々に緩和されていくが、子どもによっては、二次障害に苦しむケースも少なくない。

　支援に際しては、二次障害を防ぐことが大前提であり、自閉スペクトラム症児と同様、視覚化、シンプルな刺激の提示、ワーキングメモリの問題への配慮（短い文による言語指示、1度に2つの課題を課さない）を通して、達成感を得られる工夫が必要である。小学校低学年では、授業中の離席や、挙手をしないで発言をする、片づけられないといった行動が目立つが、すべてにおいて「みんなと同じ」目標を課すことは避けるべきである。行動修正を求める場合、優先順位をつけ、本人がコントロールできない衝動性等については見逃すといった対応も必要である。たとえば、注意欠如・多動症の子どもの場合、身体のどこかを動かしている時の方が、作業に集中できることが明らかになっている。多少の

落ち着きのなさについては、指摘しないことも必要である。授業中、プリント配布を依頼する、クラス全体でアクティブな活動をする、グループ学習を行う、短時間で終了できる活動を多用するなど、クラス全体を巻き込んだユニバーサルデザインによる授業を行うことにより、授業参加は十分可能になる。自尊心が著しく低い子どもが多いため、達成感を保障するとともに、褒める・認めるかかわりが非常に重要である。

　行動抑制を目的として薬物療法（コンサータ、ストラテラ、インチュニブ等）を受けることが多い。服薬は6歳以上で可能となる。長期投薬による利益は報告されていないため、並行して心理的支援を行うことが必要である。注意欠如・多動症の強みは、エネルギーの高さ、斬新かつ豊かな発想をもつことである。

3. 限局性学習症(Specific Learning Disorders：SLD)／学習障害(Learning Disability：LD)

　文部科学省の定義（2004）によると、学習障害とは、「基本的には全般的な知能発達に遅れはないが、聞く、話す、読む、計算する又は推論する能力のうち、特定のものの習得と使用に著しい困難を示す様々な状態を指すものである」。原因としては、「中枢神経系に何らかの機能障害があると推定されるが、視覚障害、聴覚障害、知的障害、情緒障害などの障害や、環境的な要因が直接の原因となるものではない」とされている。わが国では、40人程度の学級のうち、2〜3人に学習困難があるとされているが、背景に、限局性学習症の存在が指摘されている。教科学習では2学年程度の遅れが認められることが多い。幼児期は、注意欠如・多動症のある子どもと類似した行動特徴をもつことも多い。言葉の遅れや語彙の少なさ、ボディイメージ（体の感覚）の弱さによる不器用さ、対人的距離のとれなさ等の特徴を併せもつことも多い。

　①読み障害（ディスレクシア）：発症率がもっとも多い。文字や行を読みとばしたり、単語の区切りが理解できなかったりするため、拾い読みとなり、文章全体の理解ができない。文字の形を正確にとらえられず、形が類似した文字の読み間違いが多い。特殊音節の読みはとくに困難である。

　②書字障害（ディスグラフィア）：読み障害を伴うことが多い。鏡文字を書く、文字の想起に時間がかかる、枠内に書けない等の特徴がある。

③計算障害（ディスカリキュリア）：簡単な一桁の引き算ができない、買い物でお釣りの計算ができない、演算記号や小数点の見落とし、桁を揃えて筆算を書くことができない等の特徴がある。成人になっても指で数を数えるため、11以上の数字操作は困難であったり、桁数を正確にとらえられず、100円、1,000円、10,000円が区別できなかったりする場合がある。

困難さの背景としては、視空間認知の困難さ（形を正確にとらえられない、細部の区別ができない、図形が描けない等）、眼球運動の問題（眼球をコントロールできず、読みとばす）、聴覚認知の問題（文字⇔音の変換困難、聞き逃し）、語彙の少なさによる意味理解の困難さ等が考えられる。

支援に際しては、困難さの背景に特化した継続的な支援が必要である一方、音声による読み上げ、パソコン入力等の代替手段の利用、試験時間の延長等の合理的配慮も重要である。意味理解に問題がないという強みを活かし、たとえば、「親」という漢字学習に際し、「立って木の横で見るのが『親』」などと、意味づけにより記憶を補助することも効果的である。

第3節　生涯発達を見通した支援と家族支援

早期発見、早期支援、継続的支援が重要である。家族に対しては、受診動機を高め、障害認識・障害受容に対する支援を通し、子どもの状態についての正確な把握と子育てへの自信を促す必要がある。育児困難や親自身の孤立は、愛着形成困難に至るリスクがある。保護者自身の関わり方を変容させるペアレントトレーニングも開発されている。発達面では、伝達手段の獲得、援助要求（「教えて」と発信する等）が不可欠である。共同注意を伴う遊びを通して、他者と関わる経験不足を補う。生活スキルと自己有能感、自己効力感向上のために、家事を手伝い、褒めてもらう経験を増やすことも意義がある。学習上の困難さは自尊心低下につながりやすいため、強みを活かした支援や合理的配慮が必要である。発達障害児は、能力における個人内差（凸凹）が大きく、「わかっているが実行できない・抑えられない」等、自身を統制できない不全感や不安を抱え、失敗経験も多い。成功体験の蓄積、周囲の人による適切なかかわりにより、二次障害を予防することが不可欠である。趣味は、自尊心を高めるだけ

ではなく、就労後の生活において QOL を高める一助となる。子どもの好みを尊重し、理解し、共感することにより、「あなたのなかにある世界は OK である」というメッセージを伝えたい。就労する人が多いが、定着率に課題がある。自尊心、コミュニケーションスキル、レジリエンス（困難に立ち向かう力）の支援が重要である【QR11-1】。

（小野里　美帆）

【引 用 文 献】

American Psychiatric Association. (2013). Diagnostic and statistical manual of mental disorders (5th ed.). American Pyschiatric Association.（高橋三郎・大野裕（監訳）(2014). DSM-5 精神疾患の診断・統計マニュアル　医学書院）

American Psychiatric Association (1994). Diagnostic and statistical manual of mental disorders (4th ed.). American Psychiatric Association.（高橋三郎・大野裕・染矢俊幸（監訳）(1996). DSM-Ⅳ　精神疾患の診断・統計マニュアル　医学書院）

文部科学省（2004）.小・中学校における LD（学習障害）、ADHD（注意欠陥／多動性障害）、高機能自閉症の児童生徒への教育支援体制整備のためのガイドライン（試案）

【用 語 解 説】

(1) **発達障害者支援法**：平成 16 年 12 月成立。この法律制定により、はじめて、発達障害児・者が支援を受けられるようになった。

(2) **共同注意（Joint attention）**：典型発達児では 9 ヵ月から 1 歳半に獲得される、他者と注意を共有する機能。他者の指さしを注視する応答的共同注意と、視線や指さし、物の提示（showing）や手渡し（giving）といった手段で他者の注意を引きつける始発的共同注意がある。

(3) **心の理論（theory of mind）**：他者の感情や思考を理解する能力。典型発達児では、4 〜 5 歳で可能になるが、多くの自閉スペクトラム症児は、この能力の獲得に遅れと困難を示す。

(4) **中枢性統合能力の弱さ**：物事を認識する際、全体と部分の両方に注意を向けることが困難であり、部分に注意が向きやすくなること。注意の共有や、文脈から発話意図を推測することが困難である。

(5) **実行機能**：前頭葉機能の 1 つ。目標に向けてみずからの注意や感情、思考等を計画、実行、監視、修正し、不要な情報を抑制する機能。一度に 2 つのことができるために必要な記憶能力である「ワーキングメモリ」も含む。

Chapter

12 心理アセスメント

 第1節 心理アセスメントの導入

　心理アセスメントとは、対象となる個人の心理的特徴の情報を客観的に引き出し明らかにすること（査定）であり、アセスメントの方法は心理検査を用いる方法と臨床面接によって行われる方法に大別される。前者は、診断補助等の目的で医療場面において用いられることが多く、医療に従事する心理職[1]は、心理療法やカウンセリングよりもむしろ、心理検査を主な職務としている場合が少なくない。後者は心理療法／カウンセリングの一環である査定面接として実施されることが多い。アセスメントする心理職はテスター、アセスメントされる患者やクライエントはテスティと呼ばれ、心理療法の治療関係とは異なるテスター・テスティ関係[2]を築くことになる。

　ここでは医療場面を想定して、アセスメントの依頼受理からアセスメント結果のフィードバックまでの時系列的な流れに沿って、心理アセスメントの臨床イメージを具体的に紹介する。

1．アセスメントの依頼を受ける

　心理アセスメントは、医療現場では医師からの依頼を受けて実施される。医師がアセスメントの必要性を考えるのは、病態像がはっきりせず診断の決め手に欠ける時、診断書等で客観的な指標の記載が必要な時、心理療法の導入や他機関へのリファーを検討する時である。テスターは、アセスメント結果のフィードバックの際に依頼目的に沿った情報が提供できるよう、医師の依頼ニーズを事前に正確に把握しておく必要がある。はじめから心理療法の導入が決定していて、医師から心理療法の依頼があった場合は、まず心理職によって2〜3回程度のインテーク面接が行われ、続いて本格的な治療としての心理療法が始まるが、アセスメントはこのインテーク面接の段階において行われる。アセスメント結果はインテーク面接の終わりに患者にフィードバックされ、心理療法による治療目的や方針が話しあわれ、患者とのあいだで合意が得られれ

ば治療契約が結ばれる。つまり、アセスメント結果や患者との話し合いの結果によっては、医師の依頼通りに心理療法が開始されない場合もある。もちろんこの場合は、心理職から心理療法の適用とならなかった理由について医師に報告し、今後の治療方針について相談することが必要となる。

２．アセスメント対象を把握する

アセスメントの対象となるのはテスティであり、心理面でなんらかの主訴をもっているか、周囲からの指摘や勧めで受診した患者である。テスターはテスティに実際に会う前に、診療録や紹介状等の資料から、テスティの属性と家族歴・病歴だけでなく、どのような目的で受診したのか、心理アセスメント導入はどのようなプロセスであったのかを把握し、心理アセスメントに対するテスティのモチベーションを確認することが必要になる。モチベーションはアセスメントの信頼性に関わり、アセスメント結果に少なからず影響を及ぼすからである。

３．アセスメントバッテリーを考える

アセスメントに使用する心理検査は１種類のみではなく、多角的に心理的特徴を把握するために、検査目的とテスティの特性に合わせて測定対象や水準の異なる複数の検査、たとえば知能検査[3] １種類とパーソナリティ検査[4] ２種類といった組み合わせでバッテリーが組まれる。ほかにバッテリーを組む際の留意点として、テスティの状態を考慮して過度な負担をかけないこと、検査を行う時間や場所などの現実的制限を考慮すること（石田, 2013）等があげられる。

第2節 心理アセスメントの実施

ここまでは診療録や医師からの情報を参考にして行うアセスメント導入のための準備段階をみてきたが、次は実際にテスティを前にして行う心理アセスメントの手続きについて解説する。

１．アセスメントに臨む患者・クライエントを観察する

　アセスメントの当日にテスティに会った時、緊張しているか、精神症状は出ていないか、複数検査の実施による長時間（2〜3時間）のアセスメントに耐えられるかどうかを見極める。また、アセスメント中にどのような態度で受検していたかも観察し、記録しておく。アセスメントにテスティがどのくらい真剣に取り組み、また普段の能力を発揮できていたかということが重要である。

２．面接法でアセスメントする

　長谷川（2016）は心理アセスメントの枠組みとして、(1) 年齢 (2) 器質や病態水準 (3) 認知と注意 (4) 意欲 (5) 言語 (6) 感情 (7) 発達課題 (8) 対処能力 (9) 環境 (10) 急性か慢性かの10個を提示している。これらの枠組みを用いて、構造化面接・半構造化面接・非構造化面接のいずれかの方法でテスティの状態に寄り添いながら聴取していく。アセスメント面接は、心理療法／カウンセリングを導入する目的以外でも、心理検査によるアセスメントの実施が困難な身体疾患の患者に対して行われることもある。たとえば、緩和ケア[5]の分野で重篤な身体状態のがん患者に心理的なかかわりを行う際に、医療従事者が客観的なアセスメント情報がほしいと考えているが、痛みや倦怠感等の症状がつらく、心理検査には耐えられないと判断される場合、面接法によって支持的なかかわりを行いながらアセスメントも同時に行っていくことで患者に負担がなるべくかからないようにする方法がとられる。

３．心理検査でアセスメントする

　テスティの資質とモチベーションを鑑みて、心理検査の実施が可能と判断される場合、知能検査・発達検査・パーソナリティ検査のなかから、あらかじめ当該テスティに適当と考え組まれたアセスメントバッテリーによるアセスメントが行われる。投映法[6]だけでも2時間程度かかるのが一般的であり、受検に伴う精神的負担もあるため、すべての検査を1日で実施するのが困難なこともある。その場合は2日に分けて実施するか、または津川・篠竹（2016）のようにSCT等の自記式検査[7]を自宅や病棟にもち帰って回答してもらうなどして、なるべくテスティの負担を少なくするような工夫が施される。

第3節　心理アセスメントの分析とレポート作成

　テスティに対するアセスメントが終わると、今度はテスターがアセスメントで得られた情報や回答された検査用紙と向きあって行う作業となり、ここからがもっとも長い時間と労力を要する。

1．心理検査を採点・分析・解釈する

　心理検査では、テスターとして熟達するほどアセスメント中から分析ができるようになり、その分析によって得られた仮説に基づいて、アセスメント中の質問やかかわりを変更・追加して検証するような応用的な態度がみられる。つまり、アセスメント結果が予測できる程度の高いアセスメント能力があれば、アセスメント中に重要な情報を多く引き出し確かめることができることになる。

　そしてアセスメントが終わると、テスト用紙と向きあいながら標準化された手続きに基づいて採点・分析を行う。質問紙は、妥当性や信頼性の確認を経て標準化されているため、採点するための明確な基準があってテスターが分析しやすく、誰にもわかりやすいレポートとなるが、得られる情報は限られる。ロールシャッハテストのような投映法は、分析方法が複雑で、解釈はテスターの技量や拠って立つ理論に委ねられる部分が大きいので、テスターの主観が入り込まないよう注意が必要だが、得られる情報量は多く深みがある。質問紙と投映法からなるバッテリーは、異なる角度から見たテスティの特徴を突き合わせて理解することができ、よりたしかで幅広い解釈が得られる。

2．心理検査の結果レポートを作成する

　心理検査の採点・分析・解釈が終わると、いよいよ結果レポート作成となる。心理検査データのみならず、面接や行動観察などから得られた情報から総合的な所見を報告書にまとめる（願興寺，2013）。心理検査の結果は、血液検査や画像検査の結果とは異なり、読み手を意識した表現を選んで作成される必要がある。これまで紙媒体の診療録を用いる医療機関が多かったため、専門用語の記載された医療従事者用のレポートと一般的な言葉で書かれた患者用のレ

ポートといった複数のレポート内容を区別して、医療機関のルールに基づいて診療録のなかに保管している場合もあったが、情報開示の必要性の高まりと電子診療録の登場により、誰もが容易に結果を参照することができるようになったため、非常に詳細な個人情報の記載されたレポートをどのように電子化するかが心理職のあいだで議論になってきた。

レポート完成までの期間は、それぞれのテスターや臨床現場の事情によっても異なるが、アセスメント実施からレポート完成までに約1週間程度、投映法などの複雑なパーソナリティ検査が入る場合には2週間程度を要する。

第4節 心理アセスメント結果のフィードバックと日常場面での活用

1．アセスメントの依頼者とサイコセラピスト[8]に結果を伝える

アセスメントの結果は、依頼者である医師に心理検査レポートという形で返され、可能なかぎり口頭でも補足説明される。アセスメントの依頼者が医師のように他職種の場合には、なるべく臨床心理学の専門用語を使用せず、客観的な数値やグラフ、医療の共通言語を用いながら伝わるように結果を説明し、病態水準と診断に関する見立てを伝える。サイコセラピストは、テスターと同様の立場の心理職である場合が多いので、専門用語も用いてアセスメント結果を詳細に伝え、心理療法の適性はどうか、どのような種類の心理療法が適当か、また心理療法を行った場合の予後までを予測して伝えることがサイコセラピストの役に立つ。心理療法の適性と予後をみるためには、ロールシャッハテストの結果を参照するのが有用である。

2．テスティに結果を伝える

テスティ、つまり心理アセスメントを受けた患者にアセスメント結果を伝えるには、依頼した医師が診療のなかで伝える場合とテスターがフィードバック面接の時間を設けて伝える場合がある。いずれの場合も、テスティの心理状態と能力に十分に配慮して伝える必要がある。テスティに検査結果を理解するのに十分な能力があると判断される場合は、できるだけ詳細に客観的指標の記さ

れたデータを示して結果を説明する方が良いが、知的能力が限られている子ど
もや高齢者、さらに病態が重いテスティの場合は、混乱を招かないようにわか
りやすい言葉を用いて、テスティが知っておくと役立つと思われる重要なこと
がらを、相手の反応を見ながら伝えるようにする。

3．日常場面での活用を考える

　心理アセスメント結果を日常場面で活用してもらうために、テスターはなる
べく理解しやすい言葉を選んで、また心理的問題につながるネガティブな側面
だけではなく、ポジティブな側面も併せてテスティに伝える。たとえば、敏感
で不安になりやすい心理特性を伝える場合、物事に用心深い、思慮深いといっ
たもう一方の側面も伝えることで、1つの心理特性が両面の性質を有するこ
と、心理的症状は単に排除すべき問題ではないことを暗に示し、そこに治療的
な意味を含ませることができる。

　このように心理アセスメントは、テスターが知りたい情報をテスティから得
るための一方的なものではなく、テスティが日常で生かせるような情報を提供
し育むこともできる相互的な治療的支援ツールでもあるということができる
【QR12-1】。

（津村　麻紀）

【引 用 文 献】

願興寺礼子（2013）．第1部心理検査とは　8．結果の報告のしかた　願興寺礼子・吉住隆弘
　　（編）心理学基礎演習 Vol.5 心理検査の実施の初歩（p.9）ナカニシヤ出版

長谷川明弘（2016）．Ⅲ．心理アセスメントの枠組み（p.68）臨床心理学を学ぶ：計画を立
　　てる——心理アセスメントに注目して——　東洋英和女学院大学心理相談室紀要，*19*,
　　68-75.

石田幸子（2013）．コラム1　テスト・バッテリー　願興寺礼子・吉住隆弘（編）心理学基
　　礎演習 Vol.5 心理検査の実施の初歩（p.11）ナカニシヤ出版

丹治光浩（2015）第1部理論編　第2章パーソナリティ理論とアセスメント（p.34）塩﨑尚
　　美（編）実践に役立つ臨床心理学（第3版）北樹出版

津川律子（2016）．心理検査の導入——ラポールの実際——　詳説B　SCT の渡し方　津川
　　律子・篠竹利和　シナリオで学ぶ医療現場の臨床心理検査（pp.50-52）誠信書房

【用 語 解 説】

(1) **医療に従事する心理職**：大学院で臨床心理学を修めた者で、臨床心理士や公認心理師の資格を有している者がその多くを占める。精神科・心療内科で心理検査・心理療法を実施するほか、総合病院では内科・外科の身体疾患を診療する科でコンサルテーション・リエゾン活動と呼ばれる心理的問題解決とメンタルヘルス維持のための活動も担当する。

(2) **テスター・テスティ関係**：テスター・テスティ関係は治療関係であるセラピスト・クライエント関係とは異質な関係性として論じられる。臨床場面では、サイコセラピストはテスターの担当にはならず、別の心理職が担当となることが多い。サイコセラピストとテスターという異質な2種類の役割を同時にもつことで、クライエントが混乱することを防ぐためである。ただし、アセスメントが臨床面接によって行われる場合には、診断面接と呼んで治療面接と連続した導入部分としてセラピストと同一の心理職が担当することもある。

(3) **知能検査**：知能指数（IQ）を算出する検査。一般的に臨床で用いられるのは、田中ビネー知能検査かウェクスラー式知能検査（幼児用：WPPSI、児童用：WISC、成人用：WAIS）である。ウェクスラー式では、下位検査で言語理解や知覚推理等のIQを算出することができ、全体的なIQのみならず各認知機能のバランスをみることができる。

(4) **パーソナリティ検査**：性格特徴を把握するための心理検査。質問紙法・投映法・作業検査法の3種類に分けられる。

(5) **緩和ケア**：がん患者とその家族を対象とした、身体的・精神的苦痛を和らげるためのケア。緩和ケア医と精神科医、緩和ケア認定ナースを中心に緩和ケアチームが編成され、心理職もチームの一員としての活躍が期待されている。

(6) **投映法**：ロールシャッハテストに代表されるような、一定のあいまいな刺激に対する反応から、無意識水準の欲求や防衛様式を把握することができるパーソナリティ検査の1つ。分析や解釈が複雑で、テスターの技量に熟練を要するとされている。

(7) **自記式検査**：テスティがみずから回答用紙に記入するタイプの質問紙検査のこと。通常はテスターと1対1のアセスメント場面で実施する方が良いとされる。

(8) **サイコセラピスト**：ここでは心理療法を担当する心理職を心理検査担当のテスターと区別して、サイコセラピストと呼んでいる。いずれも臨床心理士や公認心理師の有資格者の心理職であり、ケースによって担う役割が異なるだけで心理職としては同じ立場である。

chapter
13 心 理 療 法
──セルフヘルプ・グループ──

第1節 ： 心理療法 (psychotherapy) とは

1．生物学的治療法と心理療法

　私たちが心の病気になった時、利用できる治療法には生物学的治療法と心理療法（精神療法）がある。生物学的治療法では心の病気が脳の生化学的、生理学的な機能障害に起因していると考え、主に薬物治療が行われる。脳内の神経伝達物質のはたらきに影響を与える薬物（向精神薬 [1]）を使用して、気分や行動を変容させようとする。一方、心理療法ではネガティブな感情や不適応行動などの問題をもつクライエント [2] に対し、心理学的手法を用いて認知や行動、感情、身体感覚などを変容させ、症状の軽減や除去を目指す。さらに、パーソナリティの成長を促進することで、社会に適応できるよう援助する。

　近年、科学的根拠に基づく実践 [3]（evidence-based practice）が重視されるようになり、心理療法でも多くの実証的研究が行われている。たとえば、認知行動療法（第2節参照）の抗うつ薬との比較試験では、抗うつ薬と同等以上の効果を示す結果が出ており、認知行動療法を取り入れる医療機関も増えている。

2．心理療法の治療構造

　心理療法はクライエントと治療者との人間関係によって進められ、技法の違いはあっても、そこには両者間の援助的関係が含まれる。治療者はクライエントに共感と理解を示し、信頼関係を築き、クライエントが「ここでは何を語っても治療者が受け止めてくれる」と感じられる環境を整える。こうしたクライエントと治療者との関係の上に心理療法は成立する。

3．カウンセリングと心理療法

　心理療法と近い関係にあるのがカウンセリングである。心理療法は19世紀末のヨーロッパで、精神病理学 [4] の分野から生まれたが、カウンセリングの起源は20世紀初期の米国で始まった、生徒指導や進路指導に心理学や児童研

究の方法を取り入れた活動に遡る（心理学辞典第1版, 1999）。心理療法が病理的問題を扱う治療的援助であるのに対し、カウンセリングは発達的課題を扱う予防・開発的援助であり、対象と目的が異なる（國分, 2001）。

　臨床場面では、カウンセリングを通してクライエント自身がもっている解決能力を引き出し、うつ病や不安障害、強迫症、PTSD など、自己の力だけでは解決が難しい場合は心理療法が行われる。しかしながら、日本では「心のケア＝カウンセリング」というイメージをもつ人も多く、カウンセリングと心理療法は同一のものとして扱われることが多い。

第2節　さまざまな心理療法

　心理療法にはさまざまな種類があり、その背景には独自の人間観によって構築された理論モデルがある。同じ障害であっても、人間をどのような存在ととらえるかによってそのアプローチは異なる。第2節では、代表的な心理療法について技法を中心に紹介する。

1．精神分析療法

　精神科医のフロイト（Freud, S.）が提唱した精神分析学の理論を使って行う心理療法である。性的欲求や攻撃欲求など、意識（自分）が受け入れられない思考や記憶は無意識の領域に保持されるが、意識の気づかないところで行動や思考に影響を与え、意識との葛藤を引き起こすと考える。

　面接では自由連想法[5]や夢分析などを行い、クライエントの精神に影響を及ぼす抑圧された過去の記憶や思考に接近し、無意識を意識化する。治療者はそれに解釈を与え、クライエントの洞察を深める。面接の過程で治療者とクライエントのあいだに生じる感情転移[6]や抵抗[7]も解釈の重要な材料として利用される。

2．来談者中心療法

　ロジャーズ（Rogers, C.R.）が提唱した自己理論に基づいて開発された心理療法である。自己理論では、心理的不適応を「自己概念」と「体験」の不一致と

とらえる。自己概念とは他者から与えられた評価や価値観を取り入れて作られた自己イメージであり、一度自己概念が作られてしまうと、人は否認や歪曲をしてでもそれを守ろうとする。しかし、自己概念と理想の自己（こうありたいと願う人物像）の不一致や、自己概念と現実世界での体験の不一致は、緊張や不安を引き起こすと考える【QR13-1】。

　面接ではクライエントが自己概念と一致しない体験を受け入れて、自己一致の状態に近づけるようにする。来談者中心療法は、人には自分の問題を解決する力があるという前提に立っている。しかし、今までの自己概念や価値観（「〜でなければならない」）を変えるには大きな不安が伴うため、治療者との関係が重要になる。ロジャーズは治療者に必要な条件として、①関係のなかで純粋（自分のなかにある感情や態度を受け入れ、進んで表現する）であること ②相手に対して受容（どんな状態や行動や感情であろうと価値のある人間として温かい配慮を寄せること）と好意をもつこと ③相手が見ているままに感受性豊かに共感することの３つをあげる（Rogers, 1989）。ロジャーズはカウンセリングの基礎理論を作り、それは心理療法にも大きな影響を与えている。

3．認知行動療法

　認知行動療法は、不適応行動や不適切な思考過程の修正に着目した心理療法の総称である。治療効果の実証研究を数多く行い、エビデンスを重視する。

（1）行 動 療 法

　行動療法は条件づけと学習理論に基づく治療技法として誕生した。古典的（レスポンデント）条件づけ[8]の技法では、ウォルピ（Wolpe, J.）の系統的脱感作法がよく使われる。人は同時に矛盾する感情を経験できないことを発見したウォルピは、十分リラックスしている状態のクライエントに不安をもたらす状況を段階的に想起させ、状況と不安反応を切り離す技法を開発した。系統的脱感作法と似た方法で、不安な状況を実際に体験させるのがエクスポージャー療法（暴露療法）である。

　オペラント（道具的）条件づけ[9]の技法では、スキナー（Skinner, B.F.）の行動分析学を人間の問題行動の修正に応用した応用行動分析（applied behavior analysis：ABA）が、医療や教育、福祉など広い分野で使われている。行動分析

【QR13-2】
オペラント
条件づけ

の特徴は、行動の原因を外的環境に求めているところにある。スキナーは先行刺激（きっかけとなる刺激）、オペラント行動（自発的行動）、後続刺激（環境からの反応）の連鎖（三項随伴性）を分析し、強化（オペラント行動を増加する後続刺激）と罰（オペラント行動を減少する後続刺激）を用いてオペラント条件づけを行った【QR13-2】。応用行動分析では問題行動が起きるメカニズムを分析し、問題行動を誘発あるいは強化する周囲の要因を変えていくことで、クライエントの適応行動を強化する。

（2）認知行動療法

精神科医のベック（Beck, A.T.）は、うつ病の患者が出来事を悲観的、絶望的に解釈する傾向があることから、こうした認知のゆがみを修正することに焦点を当てた認知療法を開発した。うつ病の患者は「自分自身」「自分の将来」「自分の経験」について特有の否定的な思考をもっている。自分は不完全で不適切な存在であり、人から拒絶されていると思い込む。自身の経験も他者との関係も否定的に解釈し、現在の苦しみはいつまでも続くと決めつける。こうした外的世界に対する否定的な思考は、発達初期の経験が影響して形成され、似たような状況になるたびに思い起こされて（自動思考）、抑うつ感情を引き出す。さらにうつ病患者には ①過度の一般化 ②選択的注目 ③拡大解釈と過少評価 ④自己関連づけ ⑤恣意的推論 といった認知のゆがみ [10] があり、現実を歪曲して自己否定的な思考をますます強める（Beck et al., 1979）。

認知行動療法の代表的な技法であるセルフモニタリングや認知再構成法では、クライエントが自分の行動や自動思考に気づき、合理的な考えやポジティブなイメージをもてるようにする。行動活性化では、クライエントが自分の抑うつ時の状態を知ることで生活が改善し、今まで見過ごしてきた喜びや楽しさ

表 13-1　認知行動療法の代表的な技法

技　法	内　容
セルフモニタリング	特定の行動の頻度や状況などを観察、記録して評価する。
認知再構成法 （非機能的思考記録表／コラム法）	出来事に対する自動思考や認知の歪み、自動思考に対する合理的な反応などを毎日記録する。
行動活性化 （週間活動記録表）	1 時間ごとの日常活動を 1 週間記録し、達成感、喜びや楽しさを得点化するとともに、得点が高くなるように行動スケジュールを計画する。

に気づくことで、人生に積極的に関わるようになる。こうした課題を継続することで認知そのものが修正される（表13-1）。

4．解決志向アプローチ

解決志向アプローチ（Solution Focused Approach）は、ド・シェイザー（de Shazer, S.）らによって考案されたブリーフセラピーの理論モデルの一つである。ブリーフセラピーは、催眠療法家として知られる精神科医のミルトン・エリクソン（Erickson, M.H.）が行うユニークな心理療法に触発された臨床家たちが、彼の技法を取り入れて構築した理論モデルの総称である。ブリーフ（brief）には、短期的、効率的、効果的に問題を解決するという意味が込められている。

解決志向アプローチは、問題の原因ではなく、未来の解決に焦点を合わせる。問題が解決した時の、なりたい自分のイメージ（解決像）の実現を目指す。クライエントは問題にとらわれ、解決像があいまいな状態なので、彼らがみずからの解決像を構築できるようにさまざまな技法（表13-2）を使って支援する。

表13-2　解決志向アプローチの代表的な技法

技　法	内　　容
例外探し	問題が起きていない時の状況を詳しく聞く。例外とは、すでに起きている解決の一部、あるいは、例外的に存在する解決の状態と考える。
リソース（資源・資質）の発見	今、その人がもっているものを探して利用する。本人のなかにある内的リソース（能力、興味、成功体験、自信、容姿など）と、本人のまわりにある外的リソース（家族、友人、先生、ペット、地域など）がある。
コンプリメント	クライエントが普段何気なくやっていることを褒める、労う。クライエントは自分の行動が評価されたことで、自分についての認識をあらたにできる。
スケーリング・クエスチョン	さまざまなことを数値に置き換えることで、抽象的なことも具体的に表現することができる。数値の大きさではなく、差や変化が重要。　例）「あと１上げるには何をすればいいか」
ミラクル・クエスチョン	「もし、あなたが寝ているあいだに奇跡が起きて、すべての問題が解決していたとしたら……」という質問をすることで、相談者に未来の時間をイメージさせる。問題が解決したら当然こうなっているだろうという、必然的進行としての解決像を質問する。
コーピング・クエスチョン	困難な状況に対しては、もっと悪くなる可能性があったのに、ここで収まっているのはクライエントの力だと伝え、何が良かったのか尋ねる。クライエントは自分では気づいていなかった力、少しでもうまく行っていることに意識を向ける。

たとえば、例外探しやミラクル・クエスチョンで問題が解決した状態を具体的にイメージさせる。リソースの発見では、解決に利用できる資源や能力をクライエントがすでにもっていることを気づかせる。明確な解決像が構築されるとクライエントの意識は解決（なりたい自分の実現）に向かい、行動にも変化が表れる。未来志向でクライエントの主体性や自尊心を引き出す解決志向アプローチは、医療のほか、教育やビジネスの分野などでも広く活用されている。

🧑 第3節 ┊ セルフヘルプ・グループ（self-help group）

1．セルフヘルプ・グループとは

（1）セルフヘルプ・グループの定義と役割

　自助グループ、当事者会とも呼ばれる。セルフヘルプ・グループ（self-help group：以下 SHG）は、共通の問題や障害をもつ人たち、あるいはその家族が問題の解決を目指して自主的に結成した組織で、メンバーによって運営される。メンバーの関係は対等であり、基本的には専門家の関与がないといった特徴がある。活動はミーティングの開催やメンバー同士の交流、情報提供、相談、学習会、誤解や差別・偏見を解消するための啓発活動、政策の提言、医療機関や公的機関との連携、ネットワークの形成など多岐にわたる。

（2）セルフヘルプ・グループの機能

　SHG はひとつのシステムとしてとらえられ、そこに参加することで個人のシステムに変化が生じる（三島, 1997）。メンバーは援助を受けるとともに与える側でもあり、仲間からの支持を与えられる一方で、主導的、主体的な行動を求められる。相互援助を通して SHG はメンバーに力を与え、彼らのなかにある強さや力に気づかせる。こうした SHG とメンバーの相互作用が彼らの行動変容につながっていく（Gartner, A. & Riessman, H., 1977）。SHG の効果としては、①ヘルパー・セラピーの原則（同じ問題を抱える仲間を援助することで、援助者自身がもっとも援助を受ける）②グループ・プロセス（疎外感やスティグマ[11]から解放し、自己概念を変容し、集団への所属感をもたせる）③イデオロギー（回復の秘訣とする教義をもつことで問題の再発を防ぐ）などがあげられる。

【QR13-3】
AA12のス
テップ

【QR13-4】
心理療法のアルコー
ル依存症への応用

（3）セルフヘルプ・グループの分類

　研究者によってさまざまな分類がある。Katz（1993）はイデオロギーに注目し、12 ステップ・グループと非 12 ステップ・グループに分類している。12 ステップはアルコール依存症者の SHG、（アルコホーリックス・アノニマス Alcoholics Anonymous：以下 AA）の治療プログラムである【QR13-3】。12 ステップ・グループには薬物依存、ギャンブル依存、過食などのグループが該当し、個人の変革を目指す。一方、非 12 ステップ・グループには障害児の親の会、患者の会、被害者の会、遺族会などが該当し、情報の提供や情緒面での支援に加えて、問題を社会に訴え、政治に影響を与えることを目的とした活動も行う。

２．セルフヘルプ・グループによるアルコール依存症の治療

　SHG には病気の治療や回復を目的とするものが多数存在する。そのルーツとなるのが、1930 年代に米国で設立された AA である。医療では治療が困難なアルコール依存症に対して、AA は長年成果をあげてきた。新しい治療薬や治療法が開発された現在でも、AA の活動は依存症治療の大きな柱となっている【QR13-4】。

　AA の特徴は 12 ステッププログラムとミーティングへの参加である。12 ステップは自分がアルコールの前では無力であり、自分一人の力ではどうすることもできないと認めるところから始まる。ステップのなかで感じたことや気づいたことはミーティングで語られ、メンバー同士で分かちあう。ミーティングには「言いっぱなし・聞きっぱなし」のルールがあり、語り手はそれぞれが思うことを語り、ほかのメンバーは語り手の話を最後まで黙って聞く。AA の活動では治療者とクライエントという関係は存在せず、同じ問題を抱える当事者同士が聞き手・語り手となって、お互いの回復を支援している。

（小林　麻子）

【引用文献】

Beck, A. T., Rush, A. J., Shaw, B. F., et al. (1979). Cognitive therapy of depression. New York: Guilford Press Inc.，（ベック，A. T.・ラッシュ，A. J.・ショウ，B. F. 他　坂野雄二（監訳）神村栄一・清水里美・前田基成（共訳）(2014). うつ病の認知療法　新版　岩崎

学術出版社）

Gartner, A. & Riessman, F.（1977）. *Self-help in the human Services*. San Francisco: Jossey-Bass.（ガートナー，A.・リースマン，F. 久保紘章（監訳）（1985）. セルフ・ヘルプ・グループの理論と実際——人間としての自立と連帯へのアプローチ—— 川島書店）

Katz, A.H.（1993）. *Self-help in America : A social movement perspective*. New York: Twayne Publishers.（久保紘章（監訳）（1997）. セルフヘルプ・グループ 岩崎学術出版社）

國分康孝 (2001). 臨床心理学とカウンセリング心理学 東京成徳大学臨床心理学研究，創刊号，pp.64-72.

三島一郎（1997）. セルフ・ヘルプ・グループの機能と役割——その可能性と限界—— コミュニティ心理学研究，*1*(1), pp.82-93.

中島義明他（編）（1999）. 心理学辞典 有斐閣

Rogers, C.R.（1961）. *On becoming a person: A therapist's view of psychotherapy*. Boston: Houghton Mifflin.（ロジャーズ，C.R. 諸富祥彦・末武康弘・保坂亨（共訳）（2005）. ロジャーズ 主要著作集3 ロジャーズが語る自己実現の道 岩崎学術出版社）

【用 語 解 説】

(1) **向精神薬**：中枢神経系に作用し、精神機能を変容させる薬物の総称。一般的には精神疾患の治療に用いられる薬物を指す。

(2) **クライエント**：カウンセリングを求めてきた人の意味。カール・ロジャーズが相談者を「患者」ではなくクライエントと呼んだ。

(3) **科学的根拠に基づく実践**：治療者の勘や経験ではなく、「最善の科学的根拠」「治療者の専門性」「クライエントの価値観」の3つをあわせて臨床を実践すること。

(4) **精神病理学**：心的過程と身体的過程とのあいだの相関関係の科学的研究。

(5) **自由連想法**：精神分析療法で使われる技法で、患者はある言葉を示された上で、心に最初に浮かんだことをそのまま語るように求められる。

(6) **感情転移**：心理療法の過程で、患者が過去の重要な他者（とくに両親、きょうだいなど）とのあいだで生じていた情動的反応を、無意識に治療者に対して示すこと。

(7) **抵抗**：援助を求めながら治療の手続きや進行に反対すること。指示に従わない、治療者を喜ばせるような話ばかりする、眠る、遅刻するといった態度や行為に示される。

(8) **古典的（レスポンデント）条件づけ**：もともとは中性刺激だったものが、別の刺激と一対でくり返されることによって、その刺激と連合されるようになる学習。

(9) **オペラント（道具的）条件づけ**：自発的（あるいは道具を使った）行動の直後に与える刺激（報酬や罰）によって、自発的行動の増減を変化させる学習。

(10) **認知のゆがみ**：うつ病に特有の思考で、推論の誤りともいう。

(11) **スティグマ**：汚名、烙印、属性（民族や外見、障害など）による差別や偏見。

Chapter 14 日常の病理性1
── ひきこもり・ニート・フリーター ──

第1節 ひきこもり・ニート・フリーター

1. ひきこもり

「ひきこもり」は思春期・青年期の若者が就学あるいは就職等の社会活動に参加せず、自宅にひきこもった生活を送り、家族外の対人関係もなく過ごしている状態を示す概念である。

「ひきこもり」以前の概念としては、1970年代からエリクソン「アイデンティティ拡散症候群[1]」、笠原嘉「退却神経症」「スチューデント・アパシー[2]」ほかがある。

斎藤（1998）の定義によると「20代後半までに問題化し、6ヵ月以上、自宅にひきこもって社会参加しない状態が持続しており、他の精神障害がその第一の原因とは考えにくいものを社会的ひきこもりとする」としている。

厚生労働科学研究（2009）齊藤万比古は「ガイドライン」で「様々な要因の結果として社会参加（義務教育を含む就学、非常勤職を含む就労、家庭外での交流など）を回避し、原則的には6ヵ月以上にわたって概ね家庭にとどまり続けている状態（他者と交わらない形での外出をしていてもよい）を指す現象概念である。なお、ひきこもりは原則として統合失調症の陽性あるいは陰性症状に基づくひきこもり状態とは一線を画した非精神病性の現象とするが、実際には確定診断がなされる前の統合失調症が含まれている可能性は低くないことに留意すべきである。」としている。

2. ニ ー ト

「ニート（NEET：Not in Employment, Education, or Training）」とは、雇用されていない、教育も就労のための訓練も受けていない若者のことをいう。この言葉は英国を起源としたものだが、日本ではニートを若年無業者と説明している。

若年無業者は、「(1) 高校や大学などの学校および予備校・専修学校などに通学しておらず、(2) 配偶者のいない独身者であり、(3) ふだん収入を伴う仕

事をしていない 15 歳以上 34 歳以下の個人である。」と定義される。さらに、就職希望を表明しかつ求職活動を行っている「求職型」、求職希望は表明していながら求職活動は行っていない「非求職型」、求職希望を表明していない「非希望型」に分類される。いわゆる「ニート（通学も仕事もしておらず職業訓練も受けていない人々）」とは、非求職型および非希望型の無業者として、日本では理解されている（内閣府，2005）。

3. フリーター（フリーアルバイター）

　労働白書（1991）では、「学生アルバイトとは別に、学校を卒業した後でも自らの意思で定職に就かずにアルバイト的な仕事を続ける、フリーアルバイターあるいはフリーターと呼ばれる若者（以下「フリーアルバイター」という）も近年増加している。フリーアルバイターは、正社員・正規従業員ではなく、長期勤続を前提としないという点で学生アルバイトや主婦のパートタイマーと類似した面があるが、前者の通学や後者の家事・育児のような仕事以外の主に従事する活動が不明確であるという点で両者と異なる。また、年齢的にはおおむね両者の中間に位置するものとみられる。」「年齢は 15 〜 34 歳と限定し、1）現在就業している者については勤め先における呼称が「アルバイト」又は「パート」である雇用者で、男子については継続就業年数が 5 年未満の者、女子については未婚の者とし、2）現在無業の者については家事も通学もしておらず「アルバイト・パート」の仕事を希望する者」としている。

　厚生労働白書（2021）では、「おおむね 35 歳未満で正社員を希望する求職者（新規学卒者、正規雇用の在職者は除く）のうち、安定した就労の経験が少ない者」として位置づけられている。

第2節 現 状

1. ひきこもりの統計と実態

　内閣府の実態調査（2015，2018）によると、15 〜 39 歳のひきこもりは推計約54 万 1,000 人、40 〜 64 歳のひきこもりは推計 61 万 3,000 人で全体では 100 万人以上がひきこもっている。

特徴は、男子に多く、きっかけは「不登校（小中高）」、「職場になじめなかった」「就職活動がうまくいかなかった」「人間関係がうまくいかなかった」等、人間関係に係る問題が契機になっている。生活習慣は「深夜まで起きている」「昼夜逆転している」。コミュニケーションは自室に閉じこもり誰とも口を利かずに過ごすことが多い。小・中学校の学校では「友人にいじめられた」「不登校を経験した」「勉強についていけなかった」ことを経験している。また、本人が援助を求めないのが特徴である。

ひきこもり者の分類としては、精神疾患（統合失調症、気分障害ほかで薬物を第一選択とする群）、発達障害（自閉症スペクトラム症、知的障害ほかの発達障害を基盤としている群）、パーソナリティ障害（回避性・シゾイドパーソナリティほかの群）がある。

2. ニート（若年無業者）の統計と実態

内閣府の「子ども・若者白書」によると、15 〜 39 歳の若年無業者は、87 万人（2020）であり、15 〜 39 歳人口に占める割合は男子で 3.2％、女子で 2.1％、全体で 2.7％である。

実態は、過去の調査によれば、低学歴、低年齢層、低所得出身者ほどニート状態になりやすく、就職希望者の若年無業者が求職活動をしない理由に「病気やけが」「勉強」をあげる者が多いという特徴が一貫している。そのほかには、「知識・能力に自信がない」「探したが見つからなかった」「希望する仕事がありそうにない」と回答している。

「ニート調査」（2006）では、「学校でいじめられた」「会社を自分でやめた」「ひきこもり」「精神科・心療内科の受診」「職場の人間関係のトラブル」ほかを半数近くが経験している。これらの経験の背景には、「人と話すのが苦手」「手先が不器用」「字を書くのが不得意」等の基本的スキルの低さや「面接、電話、対人関係」「仕事を覚えること」等に対しての苦手意識があることが各段階での人間関係のつまずきの原因となり、仕事を続ける上での障害となっている。

3. フリーターの統計と実態

総務省統計局によると 208 万人（2002 年）、183 万人（2010 年）、136 万人（2020

【QR14-1】
内閣府『令和4年度版　子供・若者
白書』第3章 2-1「若者無業者、ひき
こもり、不登校の子供・若者支援」

年）と減少傾向にある。

　独立法人労働政策研究・研修機構の調査（2021）によると、ニートと同様に低学歴、低年齢層、低所得出身者ほどフリーター状態になりやすい。しかしながら、この20年間（1999～2020）でフリーターの意識が変化している。「これまでの「夢追求型」（芸能関係を目指しながらアルバイト）は、高学歴者が増加している。「モラトリアム型」（やりたいことを探したい、正社員になりたくない、なんとなく自由でいたいからアルバイト）は、さまざまな経験や自由な働き方を追求するというよりは、正社員経験者が正社員でない働き方として選択する傾向が濃くなっている。また、「やむをえず型」は正社員になれなかったためではなく、メンタルの問題を抱える若者が中心となっている。また、世間のフリーターに対する印象は、「世間は許容的になっている」と感じている。以前と変わらない部分としては、「自由・時間の融通がきく」「収入が少ない」「社会に認められていない」がある【QR14-1】。

🏸 第3節 ｜ 特徴と関連性

1. ひきこもりとニートとフリーターの関連

　ひきこもりとニートの共通点は、人間関係に係る問題が契機になっていることが多いことである。コミュニケーション面では、誰とも口を利かずに過ごすことが多く、小・中学校では「友人にいじめられた」「不登校を経験した」が多い調査結果となっている。そのため、ニートのなかにも、社会参加ができないでいる状態や社会生活が困難で精神・保健・福祉の支援対象になっている状態の者もいることを理解しておきたい。それとは対照的に、フリーターは多様性が許容される社会のなかで積極的に自由な生き方を追求している方向に変化している。

2. 不登校・高校中退との関連

　文部省の調査（2021）によれば、不登校の児童生徒は2013年から7年続けて増加しており、2020年度では小中学校では18万人、高校では5万人である。

　小中高生の不登校の要因として「無気力・不安」「友人関係をめぐる問題」

【QR14-2】
文部科学省（2022）.「不
登校に関する調査協力者
会議報告書資料」

が共通して多くみられ、小・中生はそれらに「家庭に係る問題」が付加されている。

　不登校は複合的な要因で起こっている現象ではあるが、多くは「対人関係」の問題である友人関係、教師との関係、家族関係が関わっている。社会性の成長に大きく係る対人関係の困難はひきこもりやニートのきっかけと共通するものがある。また、学齢期である児童生徒にとっては、「勉強」の遅れや能力の格差が契機となり社会（学校）から離脱することにつながっている。

　高等学校中途退学者は、2020年度は3万5,000人、中退率は1.1％となっている。主たる理由としては「学校生活」「学業不適応」「進路変更」が多くみられる。

　平成21年に実施された「高等学校中途退学者及び中学校不登校生徒の緊急調査」の結果では、中学校不登校生徒の卒後4年が経過した時点で「仕事にもついておらず、学校にも行っていない」ものが16.5％、高等学校中途退学者では、20.8％であったことから、社会的自立に困難を抱える青少年の問題が深刻化している。こうした自立をめぐる問題の背景に、学校段階でのつまずきがニートやひきこもりへとつながっていることが指摘されている。

3. 就労への不適応との関連

　ひきこもりやニート等の若年者の就労問題は無業期間の長期化と高齢化が深刻な問題となっている。そこにも、社会のなかでの対人コミュニケーションスキルの困難さが契機としてある【QR14-2】。

第4節　若者の自立支援と今後の課題

1. 支援の段階

　ひきこもり・ニートの支援には、厚生労働省の「ひきこもりの評価・支援に関するガイドライン」（2010）による自立への段階的支援が推奨される。1）家族支援、2）個人療法・家族支援、3）集団療法・居場所の提供・個人療法、4）就労支援・集団療法・居場所の提供であり、段階的に社会参加を進めていく。各段階での支援は、「ひきこもり地域支援センター[(3)]」「地域若者サポー

トステーション[4]」がある。長期化したひきこもりについては、中高年層の親亡き後の生活支援、経済的支援が重要になる（8050問題[5]）。

　フリーターの正社員就職の促進のために「わかものハローワーク[6]」の設置によって個別相談支援や就職定着支援が行われている。

　不登校においては、スクールカウンセラーやスクールソーシャルワーカーの配置の充実によって支援が継続されている。

　また、不登校に対して「教育機会確保法[7]」（2017）、ひきこもり・ニート・フリーターへの支援として「子ども・若者育成支援推進法[8]」（2009）、「生活困窮者自立支援法[9]」（2013）、「青少年の雇用の促進等に関する法律[10]」（2015）が制定されている。

2. 今後の課題

　ひきこもり、ニート、フリーター、不登校においては「社会的自立」のための支援が中心となっている。共生社会のなかで多様な生き方が目指されている。

　これまでみてきた社会不適応には、人間関係に係る問題が共通に提出されている。その中心には自分の苦しみを言葉にして支援者に伝えられないでいる場面が多くあった。自身が悩むためにはその苦しさを言語化する必要があるが、その内面化が育っていないために「ひきこもり」や「自傷」などの行動化、身体化が増えている。まずは、個人の葛藤を葛藤として心理化（言語化）することが、多様化のなかでの自立の一歩である。また、本章で取り上げた、ひきこもり・ニート・フリーターは相互に関連しあっているため、学校、行政機関、民間ＮＰＯ団体などとの切れ目ない縦断的移行支援や相互機関との横断的連携など、地域コミュニティにおけるシステムの構築が求められる。

（工藤　剛）

【引 用 文 献】
厚生労働省（1991）. 平成３年版労働経済の分析（労働白書）
厚生労働省（2021）. 令和３年版　厚生労働白書
文部科学省（2016, 2022）不登校に関する調査研究協力者会議　報告

文部科学省（2021）.児童生徒の問題行動・不登校等生徒指導上の諸課題に関する調査

文部科学省（2022）.不登校に関する調査研究協力者会議（令和３年度）

内閣府（2005）.若年無業者に関する調査（中間報告）

内閣府（2009）.平成21年度版　青少年白書

内閣府（2015）.若者の生活に関する調査

内閣府（2018）.生活状況に関する調査

内閣府（2022）.令和４年度版　子供・若者白書

労働政策研究・研修機構（2021）.変化するフリーターの意識と実態──新型コロナ感染症拡大の影響を視野に入れたインタビュー調査から──

労働政策研究・研修機構（2005）.労働政策研究報告書　No.35　若者就業支援の現状と課題──イギリスにおける支援の展開と日本の若者の実態分析から──

社会経済生産性本部（2007）.ニートの状態にある若年者の実態及び支援策に関する調査研究報告書（厚生労働省委託）

総務省統計局（2012）.（2020）.労働力調査

齊藤万比古（2009）.ひきこもりの評価・支援に関するガイドライン　厚生労働科学研究費補助金こころの健康科学研究事業

斎藤環（1998）.　社会的ひきこもり──終わらない思春期──　PHP新書

【用語解説】

(1) **アイデンティティ拡散症候群**（Identity diffusion syndrome）：同一性拡散症候群と訳される。エリクソン　（Erikson ,E. H）の概念。社会的な自己を確立するという青年期の課題に対してアイデンティティの否定として、拡散と混乱を示す。アイデンティティの形成以前には社会的に退却、内閉する時期がある。それをモラトリアム moratorium という。

(2) **退却神経症 / スチューデント・アパシー**（withdrawal neurosis, avoidant neurosis）：笠原嘉（1977）症状は、無関心、無気力、無感動、行動的退却・逃避、強迫性格者、完全主義他。アパシーシンドロームと呼ぶこともある。

(3) **ひきこもり地域支援センター**：厚生労働省が2009年から設置、79ヵ所（2021年現在）。ひきこもりに特化した専門的な相談窓口。ひきこもり支援コーディネーターが相談支援を行う。

(4) **地域若者サポートステーション**：厚生労働省が設置、177ヵ所（2020年現在）。働くことに悩みをもつ15歳〜49歳までの方に専門的な相談やコミュニケーション訓練等をする。企業への就業体験により就業支援を行う。毎年１万人が就職。

(5) **8050問題**：ひきこもりの子が40〜50代、それを支える親が70〜80歳代の家庭が約60万世帯あることになる。自立相談窓口での相談内容は、「就職活動や仕事への定着が難しい」「経済的に困窮している」「精神的疾患者や障害者がいる」「コミュニケーションに関する相談」が多い。

(6) **わかものハローワーク**：厚生労働省が設置、全国 25 ヵ所（2021 年現在）。正社員就職を目指す若者を対象に専門相談をする。

(7) **教育機会確保法（2016）**：「義務教育の段階における普通教育に相当する教育の機会の確保等に関する法律」、不登校児童生徒に対する教育機会の確保を推進。

(8) **子ども・若者育成支援推進法（2009）**：ニート、ひきこもり、不登校、発達障害等の問題に対する支援を推進。

(9) **生活困窮者自立支援法（2013）**：生活困窮者に対して、住居確保給付金、就労準備支援等の支援を行う。

(10) **青少年の雇用の促進等に関する法律（2015）**：「勤労青少年福祉法等を改正する法律」若者の雇用の促進を図り、その能力を有効に発揮できる環境を整備するほか。

コラム 4 : 教師にとっての臨床心理学

1. 児童・生徒の理解と支援

すべての教師は臨床心理学を学ぶべきだと考えている。その理由は 4 つある。

まず、児童・生徒の理解と支援に役立つからである。

発達途上にある児童・生徒は、さまざまな困難を抱え、学校生活で苦戦を強いられることが少なくない。その背景には、環境要因だけでなく、精神的・心理的な要因も存在することは言うまでもない。本書の目次を通覧しただけでも、不安障害、摂食障害、うつ、PTSD、発達障害など、長年教員を務めていれば一度は遭遇するであろう、児童・生徒にもしばしばみられる疾患、障害が数多く紹介されている。

そればかりか、アイデンティティの形成やストレスへの対処は、すべての児童・生徒が直面し、学ばなければならない発達課題である。

教師が臨床心理学を学ぶことによって、精神的・心理的な疾患や障害を抱えた児童・生徒に適切に対応できるとともに、それらを予防するための方策についても知見を深めることができる。そして何より、すべての児童・生徒の成長・発達に対してより効果的な支援を行うことができる。

2. 保護者の理解と支援

次に、保護者の理解と支援に役立つからである。

学校生活で困難を抱える児童・生徒は、家庭生活でも苦戦していることが多い。そして、その背景には、保護者自身がなんらかの精神的・心理的な課題を抱え、家庭生活に苦戦している事情が存在することもある。本書の各章・各節で取り上げられているすべてのトピックに該当する保護者が存在すると考えられる。

もちろん、教師は精神医学や臨床心理学の専門家ではないので、これらの疾患や障害に対して治療的な働きかけを行うことはできない。そのような保護者に対して治療的な働きかけができるのは、学校であればスクールカウンセラーであろう。また、精神的・心理的な課題によって二次的に生活上の困難（貧困など）が発生しているとしたら、スクールソーシャルワーカーによる支援が必要である。

しかし、児童・生徒の学校生活にもっとも深く関わるのは学級・ホームルーム担任である。担任として保護者と面談をする機会もあるであろう。そのような際に、担任が疾患や障害についての知識を有していれば、保護者と子どもの困難を十分に理解し、援助的な対応を行うことができる。担任とのほんの 10 分の面談ではあっても、「担任の先生はうちの子を、そして私を理解してくれている」という思いが、保護者にとって、そしてその子どもにとって、困難の解消に大きな役割を果たすこともあるはずである。

3．同僚の理解と支援

　教師の長時間労働が問題視され、「働き方改革」が叫ばれている。精神的・心理的要因による、教師の病気休職が話題となって久しい。今や、教師の病休はどの学校でもごく普通にみられる現象となっている。

　臨床心理学を学んだ教師であれば、そのような同僚の困難を理解し、援助的な対応を行うことができる。それだけでなく、すべての同僚に対して、ストレスを緩和し、バーンアウトを防ぐかかわりができるはずである。

4．自分自身の理解と支援

　何よりも、長時間労働に疲弊し、職場や家庭でのストレスに耐え、さまざまな困難を抱えながら日々教師として働いているのは、自分自身である。臨床心理学を学べば、このような自分自身の状態を客観的に理解し、メンタルヘルスを良好に保つことで、バーンアウトを防ぐことができる。

　このように、児童・生徒、保護者、同僚、そして自分自身をより良く理解し、効果的に対応・支援するための知識や技術を提供してくれるのが臨床心理学である。筆者は、そのエッセンスをひと言で表現すれば、「あたたかなまなざし」ではないかと考えている。もちろん、自分自身もその対象である。

　本書を通して臨床心理学を学ぶ教師、教員志望者が1人でも増えることが、いじめ、不登校、自殺など、学校の抱えるさまざまな課題を解決する早道であると確信している。

（会沢　信彦）

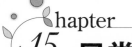

Chapter 15 日常の病理性2

── HSP（Highly Sensitive Person）とサイコパス ──

第1節　H S P

1. HSP の概念と特徴

HSP（Highly Sensitive Person）は、1996 年に米国の心理学者エレイン・アーロン（Aron, E.）により提唱された気質の特徴を表す概念である。DSM や ICD などの操作的診断基準とは独立した概念であり、特定の疾病や障害を表すものではない。「敏感すぎる人」あるいは「繊細さん」などと訳されるが、その概念が広く知られるにつれて「HSP」という呼称が定着しつつある。

（1）HSP の特徴

アーロンは著書『敏感すぎる私の活かし方』において HSP の特性について解説している（アーロン, 2020）。アーロンは HSP の中核となる 4 つの特性について分析し、その頭文字をとって「DOES」と呼んだ。以下に「DOES」のそれぞれの特性について概説する。

D: 処理の深さ（Depth of processing）

　知覚した情報を過去の似たような経験と関連づけたり比較したりして、深いレベルで処理する。このため、行動するのに時間がかかり、考えすぎて物事を決定することが難しくなる。

O: 刺激に敏感（Overstimulation）

　ささいなことでもすぐに気がつき、社会的刺激を含む過剰な刺激にストレスを感じやすい。そのため、刺激が強い状況を避ける傾向にある。

E: 情緒的反応（Emotional reactivity）

　他者のポジティブな感情に強く反応する。また E は共感性（Empathy）も示し、他者の感情を理解するだけでなく、ある程度相手と同じように感じる。

S: ささいなことにも気づく（Sensing the subtle）

　他人が見逃しているようなささいなことにも気づき、刺激過剰となりやすい。これは感覚処理感受性（Sensory processing sensitivity）と呼ばれ、感覚情報

の脳内処理過程における基本的な個人差である。この「DOES」を中心として、HSP は以下のような特性をもつとアーロンは述べている。

また、HSP は環境からの影響を受けやすく、幼少期の環境の影響を受けやすい。これは差次感受性と呼ばれ、幼少期の環境がその後の内向性・外向性や不安、抑うつと関連する。HSP は、不安の高さ、抑うつ傾向との関連が指摘され、「生きづらさ」を感じる者が多い。一般に内向的、恥ずかしがり、抑制的であると考えられがちであるが、HSP の 30% は外交的である。

HSP の成因については、その大きな部分が生得的な神経システム（とくにセロトニン系）の差異によるものと推定されているが、一方でとくに幼少期の生育環境と生きづらさの関連が指摘されている。全人口の 15 〜 20% が HSP に該当し、HSP は周囲のささいなことにも気づくなど有利な特徴もあるが、刺激の強い環境では極度に疲弊するという不利な点ももっている（アーロン, 2021）。

HSP は、処理の深さからスピリチュアリティという特徴をもつものが多い。スピリチュアリティという概念は多様な意味をもつが、串崎はここでいうスピリチュアリティは人生の意味の探求を指すとしている（串崎, 2019）。

(2) ひといちばい敏感な子 (Highly Sensitive Child)

アーロンはささいな刺激に敏感であり、他者の感情に敏感で、物事を深く考える傾向がある子どもたちを「ひといちばい敏感な子（HSC）」と呼んだ。HSC も子ども全体の 15 〜 20% と考えられる。HSC 脳内の「行動抑制システム」と「行動活性システム」のバランスの違いにより、さまざまなタイプがある。

HSC は「刺激過剰」になると温度や服の感触などに文句を言ったり、一人で遊んだり、お気に入りの場所にいたがったり、ほかの人と話さなくなったりする。限界を超えると床に転がって泣き叫ぶなど、ADHD 様の行動をとることもある。これが続くと最終的には怖がり、ひきこもりがちになる。

差次感受性のために養育者の態度に影響を受けやすく、不適切な養育環境により感情調節不全に陥り、将来の自傷行為のリスクとなる（土居, 2021）。一方で、個性を活かして適切な養育環境を整えれば、敏感な特性を活かして医者や弁護士、芸術家、科学者などの職業に就くことも多い。

(3) HSP の測定

HSP スケールは 1997 年にアーロンにより作成され、全 27 項目からなる (Aron, 1997)。高橋はこれを日本語訳し、HSPS 日本語版 (HSPS-J) を作成し、さらに信頼性妥当性の検討を行い、低感覚閾・易興奮性・美的感受性の 3 因子からなる 19 項目の HSPS-J19 を作成している (高橋, 2016)【QR15-1】。

2. HSP と「癒やし」

HSP は精神医学的な診断名ではないが、敏感で繊細な気質を表現する概念である。HSP 概念の臨床心理学的意義としては、まず操作的診断の背後にある基盤としての HSP の理解である。HSP はケースとして事例化する際には、操作的診断においてはうつ病・双極性障害などの気分障害圏、適応障害などのストレス関連障害圏、社交不安障害や強迫性障害などの不安障害圏、時には自閉スペクトラム症や注意欠如・多動症 (ADHD) などの発達障害圏の障害として診断される。これに HSP という概念を合わせて理解することにより、その人の抱えてきた「生きづらさ」の理解が促進される。

HSP への対処の一つとして薬物療法も選択肢となる。中心となる薬剤は SSRI などの抗うつ薬、ベンゾジアゼピン系薬剤を中心とした抗不安薬であるが、HSP は薬や痛みに敏感であり、医療にかかる時には過覚醒になりやすいといった特性を理解している医療者に、その必要性を十分に相談し、最低限の薬物療法を受けることが必要である。

また、みずからの特性を理解することにより、①認知行動療法を受ける②転移に注意しながらセラピストと人間関係について話しあう③栄養や運動、医療などの身体的な方法を取り入れる④瞑想などのスピリチュアルなアプローチを試みる、などのやり方でみずからへ「癒やし」を行うことができる。

HSP 自身が自分の心理特性を理解する、HSC の養育者がその特性を理解して適切な養育環境を整える、職場同僚や医療関係者などの周囲で関わる人々が HSP/HSC の特性を理解して対応することで、HSP がもつ「生きづらさ」を減らし、その才能を活かすことができると考えられる。

現在 HSP の概念はインターネットや一般雑誌などでも紹介される機会が多く、「自分も HSP ではないか」、と悩む人が増加している。HSP は敏感で繊細な心

の傾向を表すが、その程度は人により異なり、また生育環境や成長段階での体験、現在本人がおかれている状況により抑うつ・不安などの症状の発現や主観的苦悩の程度は変化する。したがって正確な状態の把握には臨床心理学的・精神医学的なアセスメントが必須となる。HSP が疑われる時には自己判断をせず、スクールカウンセラーや学生相談室、HSP の診療を行っている精神科医療機関への相談・受診をして、必要な援助を受けることが大切である。

第2節 サイコパス

1. サイコパスの概念と特徴

現在一般的に使用されている「サイコパス（psychopath）」という用語は精神医学的な診断名ではないが、重大累犯者などにみられる冷淡、良心の呵責の欠如、無責任、衝動性、表面的な魅力などを特徴とするパーソナリティ特性を指し、このような特徴をサイコパシー（psychopathy）と呼ぶ。

（1）サイコパス概念の歴史的展望

19 世紀前半にピネル（Pinel,P.）は幻覚や妄想などの精神症状が認められないのに窃盗や強盗、殺人などの異常な行動をくり返すという「妄想なき狂気」を記述し、プリチャード（Prichard,J.C.）は反社会的で不道徳な行動をとる者について「背徳症候群」の概念を提唱した。19 世紀後半には、ロンブローゾ（Lombroso,C.）らが変質論[1] を用いて、生来性犯罪者説[2] を提唱した。20 世紀に入ると、クレペリン（Krepelin, E.）が正常から精神病へ移行する中間段階としての「精神病質（Psychopathie）」を提唱し、そのなかに「反社会人」をあげている。

その後シュナイダー（Schneider,K.）は精神病質概念をパーソナリティの偏りとしてとらえ直し、①発揚情性型②抑うつ型③自己不確実型④狂信型⑤自己顕示欲型⑥気分易変型⑦爆発型⑧情性欠如型⑨意志欠如型⑩無力型の 10 類型を定義した。

シュナイダーは規範概念を平均規準と価値規準の 2 種類としたが、価値規準は個人的な価値体系によるため科学的な論議の対象とならないとし、パーソナリティの平均範囲からの変異・逸脱として精神病質を定義した。これらの類型

はその人格の異常性のためにみずからが悩むもの、またはその異常性によって社会が悩まされるものに分けられる。ただし精神病質は状況によらず平均から外れた異常であり、政治的判断を含まないとシュナイダーは述べている。

このシュナイダーの類型のうち、情性欠如型精神病質者（gemütlose Psychopathen）はほかの人に対する情性や共感性、羞恥心、後悔がないことを特徴とする。

（2）サイコパス概念の展開

現代のサイコパスの概念は、社会が悩まされるタイプの精神病質について1941年にクレックリー（Cleckley,H.）が著書 *The Mask of Sanity* において、表面的には魅力的で良好な知能があるが判断力に欠け、経験から学ぶことなく、反社会的行動をくり返し、洞察力や責任感に欠けるといった特徴をもつものをサイコパスとして記述したことが源流である。ヘア（Hare,R.D.）はそれを発展させ、サイコパスチェックリスト（PCL）を作成した。ヘアによればサイコパスの特徴は感情／対人関係と社会的異常性から成る。ヘアがあげた PCL の概要を（表 15-1）に示す。なお、サイコパスの正確な評定を下すためには所定のトレーニングを受けて資格をとる必要がある【QR15-2】。

表 15-1　＜精神病質チェックリスト＞の概要（ヘア（1995）より）

感情／対人関係	社会的異常性
□達者で皮相的	衝動的
自己中心的で傲慢	行動をコントロールすることが苦手
良心の呵責や罪悪感の欠如	興奮がないとやっていけない
共感能力の欠如	責任感の欠如
ずるく、ごまかしがうまい	幼いころからの問題行動
浅い感情	成人してからの反社会的行動

なお、サイコパスに並んでソシオパス（社会病質者）という用語が用いられるが、その障害の原因を社会的な影響力や幼少期の経験に由来すると考える研究者はソシオパスという用語を用い、心理学・生物学・遺伝的要因の関与を考慮する研究者はサイコパスという用語を用いる傾向がある。しかし一般には同様の意味で用いられることが多い。

2. 精神医学診断とサイコパスの関連

　シュナイダーの精神病質の 10 類型は直感的にだいたいの性格特性を理解し
やすいという利点はあったが、体系的でなく診断者の主観による診断のあいま
いさがあるなど論議のある概念であった。1980 年に発行された DSM- Ⅲ にお
いて、精神病質概念はパーソナリティ障害として再定義され、現在の DSM-5
に引き継がれている。

　DSM-5 においては、サイコパスに相当する診断は反社会性パーソナリティ
障害（antisocial personality disorder）として定義される。反社会性パーソナリ
ティ障害の診断基準は以下の通りである。

A. 他者の権利を無視し侵害する広範な様式で、15 歳以降起こっており、以下
のうち 3 つ（またはそれ以上）によって示される。

　（1）法にかなった行動という点で社会的規範に適合しないこと。これは逮捕
の原因となる行為を繰り返し行うことで示される。

　（2）虚偽性。これは繰り返し嘘をつくこと、偽名を使うこと、または自分の
利益や快楽のために人をだますことによって示される。

　（3）衝動性、または将来の計画を立てられないこと。

　（4）いらだたしさおよび攻撃性。これは身体的なケンカまたは暴力を繰り返
すことによって示される。

　（5）自分または他人の安全を考えない無謀さ。

　（6）一貫して無責任であること。これは安定して仕事を続けられない、また
は経済的義務を果たさない、ということを繰り返すことによって示される。

　（7）良心の呵責の欠如。これは他人を傷つけたり、いじめたり、または他人
の物を盗んだりしたことに無関心であったり、それを正当化したりすることに
よって示される。

B. その人は少なくとも 18 歳以上である。

C. 15 歳以前に発症した素行症の証拠がある。

D. 反社会的行為が起こるのは、統合失調症や双極性障害の経過中のみではな
い。

　サイコパス概念と反社会性パーソナリティ障害の概念には違いがある。前者
では衝動性や攻撃性などの問題行動に加え、共感性や罪悪感の欠如など内面的

な側面も重視して基準が設けられているのに対して、後者では問題行動のみを評価対象としている。このため、刑務所などに収容されている人を対象にして診断をすると、多くの人が反社会性パーソナリティ障害の診断基準を満たしてしまう。サイコパスは単なるパーソナリティ障害としての医学的側面のみではなく、社会学・心理学など広い概念から検討する必要がある。

3. サイコパスの治療と処遇

　サイコパスとされた者が犯罪を起こした場合、それのみで刑事精神鑑定[3]が求められる可能性は低いが、もし刑事精神鑑定が行われたとしても責任能力[4]の判断には影響しないことがほとんどである。しかし、判決により課された刑期で矯正教育を受けることでサイコパスは改善するのであろうか。

　サイコパスの中核的な症状である共感性の欠如がどのような生物学的背景から生じているかは議論があるが、ブレアは扁桃体の関与をあげている。川田は扁桃体を損傷した場合とサイコパスの神経心理学的検査の結果の共通性から、ある程度の扁桃体の関与を認め、矯正教育により身体的攻撃は改善したが、共感性の低さは効果が乏しいと述べている（川田, 2008）。

　サイコパスに対する家族的特性と養育環境について、ブレアは中程度のサイコパスは家族からの影響をより強く受けている可能性が高く、高度なサイコパスは生物学的な要素からの影響をより強く受けている可能性が高いとしている。

　ポラシェックはこれまでの研究から、よくデザインされ、集中的な治療は、サイコパス傾向をもつ群の暴力と犯罪行為を減少させることが示唆されると述べているが、サイコパス傾向の高い群に対して、社会適応にまでつながる治療効果については結論が出ていない（Polaschek, 2018）。

　現在のところサイコパスは有効な治療法についての一定の知見はないが、サイコパスという呼称が単なる「レッテル貼り」にならないように治療法の早期の確立が急がれている。

（伊藤　晋二）

【引 用 文 献】

American Psychiatric Association.（2013）. *Diagnostic and statistical manual of mental disorders*（5th ed.）. American Psychiatric Association.（髙橋三郎・大野裕（監訳）（2014）. DSM-5 精神疾患の分類と診断の手引き　医学書院）

Aron, E. N. & Arthur, A.（1997）. Sensory-Processing Sensitivity and Its Relation to Introversion and Emotionality. *Journal of Personality and Social Psychology*, 71（2）, 345-368.

アーロン，E. N.（著）片桐恵理子（訳）（2020）. 敏感すぎる私の活かし方——高感度から才能を引き出す発想術——　パンローリング株式会社

アーロン，E. N.（著）明橋大二（訳）（2021）. ひといちばい敏感な子　青春出版社

ブレア，J.　福井裕輝（訳）（2009）. サイコパス——冷淡な脳——　星和書店

Cleckley, H. M.（1950）. *The Mask Of Sanity: An Attempt To Clarify Some Issues About the So-Called Psychopathic Personality*（2nd ed.）Augusta: Mockingbird Press.

ヘア，R. D.　小林宏明（訳）（1995）. 診断名サイコパス——身近にひそむ異常人格者たち——　早川書房

川田良作他（2008）. サイコパスの脳病態と治療——神経心理学的研究を中心に——　精神保健研究, 54, 45-52.

串崎真志（2019）. 高い敏感性をもつ人（Highly Sensitive Person）は物事を深く考える（1）スピリチュアリティとの関連　関西大学人権問題研究室紀要, 78, 1-14.

Polaschek, D. L. L. & Skeem, J. L.（2018）. Treatment of Adults and Juveniles with Psychopathy.　Patrick, C. J.（Ed.）Handbook of Psychopathy（2nd ed.）New York: The Guilford Press

シュナイデル，K.　懸田克躬・鰭崎轍（訳）（1954）. 精神病質人格　みすず書房

髙橋亜希（2016）. Highly Sensitive Person Scale 日本版（HSPS-J19）の作成　感情心理学研究, 23（2）, 68-77.

【用 語 解 説】

(1) **変質論**：19 世紀後半から展開された精神病や犯罪・不道徳な習慣などは、遺伝的特質や体質が変質（degeneration）を起こすためであるという理論。

(2) **生来性犯罪者説**：変質論に基づき、特徴的な身体的特徴（変質徴候）と精神的特徴から、犯罪者を人類の系統発生的一変種と位置づける説。

(3) **刑事精神鑑定**：刑事裁判の過程において、検察官や裁判官が責任能力の有無などの精神医学的・臨床心理学的な知識の補充のために専門家の意見を求める手続き。

(4) **責任能力**：犯罪の成立要件の一つであり、刑法第 39 条により心神喪失の場合は責任能力なしとされ罰せられず、心神耗弱の場合は限定責任能力となり刑を減軽される。

索　　引

執筆者紹介 (執筆順)

武田　明典（たけだ　あけのり）（編者、はじめに、第1章）

神田外語大学外国語学部教授。臨床心理士、公認心理師、千葉県スクールカウンセラー。専門は臨床心理学・教育心理学。主な著書に、『教師と学生が知っておくべき教育心理学』（編著、北樹出版）、『教師と学生が知っておくべき特別支援教育』（共編著、北樹出版）、『自己理解の心理学』（編著、北樹出版）など。

大島　朗生（おおしま　あきお）（第2章）

東京福祉大学心理学部准教授。臨床心理士、公認心理師。専門は臨床心理学。主な著書に、『教育相談の理論と方法』（分担執筆、北樹出版）、『臨床心理アセスメント　新訂版』（分担執筆、丸善出版）、『カウンセリング心理学ハンドブック（下巻）』（分担執筆、金子書房）など。

岡村　尚昌（おかむら　ひさよし）（第3章、コラム1）

久留米大学文学部、高次脳疾患研究所准教授。専門は健康・医療心理学、神経・生理心理学。主な著書に、『Cross-cultural Perspectives on Well-Being and Sustainability in Organizations』（分担執筆、Springer）、『生理心理学と精神生理学（3巻）』（分担執筆、北大路書房）、『心理学総合事典』（分担執筆、朝倉書店）など。

井上　清子（いのうえ　きよこ）（第4章）

大宮西口メンタルクリニック副院長。精神科専門医、精神保健指定医、臨床心理士・公認心理師。専門は精神医学・臨床心理学・心理療法。主な著書に『教師のたまごのための教育相談』（分担執筆、北樹出版）、『子育て支援カウンセリング』（分担執筆、図書文化社）、『不登校の予防と対応』（分担執筆、図書文化社）など。

塩川　宏郷（しおかわ　ひろさと）（第5・7章）

実践女子大学生活科学部教授。小児科専門医。専門は発達行動小児科学。主な著書に、『特別支援教育学　第3版』（分担執筆、福村出版）、『もしかして発達障害？子どものサインに気づく本』（監修、主婦の友社）など。

新岡　陽光（にいおか　きよみつ）（第6章）

中央大学研究開発機構専任研究員。専門は犯罪心理学、認知科学、生理心理学。主な著書に、『テキスト　司法・犯罪心理学』（分担執筆、北大路書房）、『高齢者の犯罪心理学』（分担執筆、誠信書房）、『意識的な行動の無意識的な理由：心理学ビジュアル百科　認知心理学編』（分担執筆、創元社）など。

矢島　潤平（やじま　じゅんぺい）（第8章）

別府大学文学部教授。臨床心理士、公認心理師。専門は健康・医療心理学、臨床心理学。主な著書に、『神経・生理心理学』（編著、ミネルヴァ書房）、『ストレス・疲労のセンシン

グとその評価技術』（共著、技術情報協会）、『ストレスの事典』（分担執筆、朝倉書店）など。

越智　啓太（おち　けいた）（第 9 章、コラム 2）

法政大学文学部教授。臨床心理士。専門は司法犯罪心理学、社会心理学。主な著書に、『恋愛の科学』（実務教育出版）、『すばらしきアカデミックワールド』（北大路書房）、『progress and application 司法犯罪心理学』（サイエンス社）など。

岩野　卓（いわの　すぐる）（第 10 章、コラム 3）

大分大学福祉健康科学部講師。公認心理師、臨床心理士、産業カウンセラー、認定行動療法士、専門心理士、心理相談員。専門は認知行動療法、健康心理学、産業・組織心理学。主な著書に、『保育学用語辞典』（分担執筆、中央法規）、『社会福祉学習双書 2022 第 11 巻 心理学と心理的支援』（分担執筆、社会福祉法人全国社会福祉協議会）、『公認心理師国家試験対策全科』（分担執筆、金芳堂）など。

小野里　美帆（おのざと　みほ）（第 11 章）

文教大学教育学部教授。公認心理師、臨床心理士、臨床発達心理士等。専門は臨床発達心理学、言語・コミュニケーション発達支援。主な著書に、『コミュケーションの発達と指導プログラム（共著、日本文化科学社）、『発達と保育を支える巡回相談』（分担執筆、金子書房）、『教師と学生が知っておくべき特別支援教育』（分担執筆、北樹出版）など。

津村　麻紀（つむら　まき）（第 12 章）

法政大学現代福祉学部兼任講師、平塚共済病院臨床心理士。臨床心理士、公認心理師、初級産業カウンセラー（現、産業カウンセラー）。専門は臨床心理学、サイコオンコロジー、コンサルテーション・リエゾン。主な著書に、『基礎から学べる 医療現場で役立つ心理学』（分担執筆、ミネルヴァ書房）、『高齢者のこころとからだ事典』（分担執筆、中央法規出版）、『高齢者の心と体ケアに生かす Q&A──調査・事例研究から読み解く』（分担執筆、日本看護協会出版会）など。

小林　麻子（こばやし　あさこ）（第 13 章）

横浜美術大学美術学部非常勤講師。臨床心理士、公認心理師、東京都スクールカウンセラー。専門は臨床心理学。主な著書に、『教育相談の理論と方法』（分担執筆、北樹出版）。

工藤　剛（くどう　たけし）（第 14 章）

青梅成木台病院、どんぐり発達クリニック、駿河台大学心理学部・研究科非常勤講師。臨床心理士、公認心理師。専門は臨床心理学、集団精神療法、精神分析学。主な著者は『小児医学から精神分析へ』（共訳、岩崎学術出版社）、『フロイト全著作解説』（共訳、人文書院）など。

会沢　信彦（あいざわ　のぶひこ）（コラム 4）

文教大学教育学部教授。ガイダンスカウンセラー、臨床心理士。専門は教育相談・生徒指導。主な著書に、『教育相談の理論と方法』（編著、北樹出版）、『生徒指導・進路指導の理論と方法』（共編著、北樹出版）、『教師・保育者のためのカウンセリングの理論と方法』（編著、北樹出版）など。

伊藤　晋二（いとうしんじ）（第 15 章）

獨協大学経済学部教授、保健センター所長。臨床心理士、公認心理師、精神保健指定医、日本医師会認定産業医。専門は精神保健学。主な著書に、『犯罪心理学──加害者のこころ、被害者のこころ──』（分担執筆、角川学芸出版）、『司法精神鑑定例（精神科ケースライブラリー X）』（共著、中山書店）、『司法精神医学と精神鑑定』（共著、医学書院）など。

心理教育としての臨床心理学

2023 年 3 月 20 日　初版第 1 刷発行

編著者　武田　明典

発行者　木村　慎也

定価はカバーに表示　　印刷／製本　モリモト印刷

発行所　株式会社 北 樹 出 版

URL：http://www.hokuju.jp

〒153-0061　東京都目黒区中目黒1-2-6

電話 (03)3715-1525(代表)　FAX (03)5720-1488